PRÉCIS
D'ANALYSE FILMIQUE

FOCUS
CINÉMA

Anne Goliot-Lété • Francis Vanoye

PRÉCIS D'ANALYSE FILMIQUE

4e édition

ARMAND COLIN

Anne Goliot-Lété est maître de conférences à l'Université Paris-Diderot. Elle est spécialiste de la narration au cinéma, des espaces et lieux filmiques.

Francis Vanoye, professeur émérite de l'Université de Paris-Ouest-Nanterre-La Défense, a publié *Récit écrit, récit filmique*, 1993 (A. Colin), *L'Emprise du cinéma*, 2005 (Aléas), *Scénarios modèles, modèles de scénarios*, 1995, 2008 pour la deuxième édition et *L'adaptation littéraire au cinéma*, 2011 (A. Colin).

Graphisme de couverture : Misteratomic

© Armand Colin, 2015

Armand Colin est une marque de
Dunod Éditeur, 5 rue Laromiguière, 75005 Paris

ISBN : 978-2-200-60164-5

SOMMAIRE

INTRODUCTION

L'analyse filmique n'est pas une fin en soi. C'est une pratique qui procède d'une commande, laquelle se situe dans un contexte. Mais ce contexte est variable, et il en résulte évidemment des commandes elles aussi éminemment variables. Actuellement, l'analyse filmique est une commande des institutions scolaires et universitaires, s'insérant dans des contextes d'examens (baccalauréat), de concours (CAPES, agrégation, entrée à la FEMIS, etc.) ou de recherche (mémoires de Master, thèses portant sur des films, des réalisateurs, des questions cinématographiques). Elle peut aussi relever de commandes émanant d'autres institutions : presse écrite ou audiovisuelle (critique, étude de films ou de réalisateurs), édition (livres sur le cinéma), cinéma (constitution de dossiers de présentation de films ou d'ensembles de films, de bandes-annonces, etc.). L'analyse de film donne généralement lieu à une production écrite, mais elle peut aussi conduire à une production audiovisuelle ou mixte (bonus de DVD présentant des analyses de séquences, des extraits accompagnés de commentaires, des montages de scènes ou de plans caractéristiques, etc.).

La définition du contexte et du produit final est donc indispensable au cadrage de l'analyse. Elle permet d'en dessiner, au moins en partie, les limites, les formes et les supports, le ou les axes (ou, du moins, la possibilité plus ou moins grande de choix des axes). Le présent ouvrage ne saurait évidemment rendre compte de tous les contextes dans leurs spécificités. Néanmoins, il tente de donner quelques principes, outils, démarches valables dans tous les contextes, à partir du moment où l'on part d'un objet-film pour l'analyser, c'est-à-dire le démonter et le reconstruire selon un ou plusieurs partis pris à préciser.

Les obstacles à l'analyse

L'analyse de film se heurte à plusieurs obstacles qu'il est important de repérer si on veut se donner les moyens de les franchir ou de les contourner.

Obstacles d'ordre matériel

Raymond Bellour[1] affirmait que le texte filmique est « introuvable », au sens où il est incitable. Alors que l'analyse littéraire rend compte de l'écrit par l'écrit, l'homogénéité des signifiants permettant la citation, l'analyse filmique, dans ses formes écrites, ne peut que transposer, transcoder ce qui relève du visuel (description des objets filmés, couleurs, mouvements, lumière, etc.), du filmique (montage des images), du sonore (musiques, bruits, grains, accents, tonalités des voix) et de l'audiovisuel (rapports des images et des sons). On a pu voir certaines analyses poursuivre vainement le mythe d'une description exhaustive du film. Entreprise vouée évidemment à l'échec. Si la complexité de l'objet-film conduit en effet à se poser avec rigueur le problème de sa description par le langage et de ce qu'on y intègre, sa nature pluricodique interdit de songer à une quelconque « reproduction » verbale. Les limites de la description, de la « notation » pourront être fonction des axes d'analyse, des hypothèses de recherche posées au départ (ou au cours) de l'analyse. Introuvable, le texte filmique l'est aussi en ce qu'il est fuyant, mouvant, toujours pris dans le défilement de la pellicule et/ou dans le circuit de la distribution. Voir, visionner un film n'est pas toujours facile, dans le temps comme dans l'espace. Analyser un film implique évidemment qu'on le voie

---

1. « Le texte introuvable », in *L'Analyse du film*, Paris, Albatros, 1980.

et revoie : sera-ce en salle de cinéma, à la visionneuse, sur DVD, Blu-ray ou vidéocassette, avec l'aide ou non d'une transcription écrite déjà existante ? Les conditions matérielles de visionnage du film (support, fréquence, temps, possibilité d'arrêt du défilement, d'arrêt sur image, de retours et d'avances rapides, etc.) conditionnent l'analyse. Nombre de critiques et de théoriciens ont naguère commis des erreurs sur la base d'une vision unique d'un film (la mémoire cinéphilique joue souvent de mauvais tours, car l'on se souvient avoir vu ce qui fait plaisir ou conforte une hypothèse d'analyse ou une impression d'ensemble). D'où la nécessité de vérifications systématiques.

Inversement, le recours au DVD ou à tout support permettant la manipulation infinie du film peut conduire à des analyses « microscopiques » non nécessairement pertinentes (là encore, tout est question d'axe et d'hypothèse de travail). Certains bonus de DVD proposent le défilement intégral du film accompagné d'un commentaire continu.

Quoi qu'il en soit, l'analyste devra mettre en place un dispositif d'observation du film s'il ne veut pas s'exposer à des erreurs ou à des vérifications incessantes. D'où la nécessité d'apprendre à prendre des notes, de se donner, à partir du moment où le processus d'analyse est enclenché et où l'on n'est plus un spectateur « ordinaire », des grilles d'observation à établir et à aménager en fonction des axes privilégiés.

Obstacles d'ordre psychologique

Le fait que l'analyse d'un film soit le produit d'une commande, comme nous l'avons remarqué, n'écarte pas pour autant la question du type « à quoi bon ? »

En effet, à quoi bon décrire, analyser un film ? À quoi bon cette opération qui semble symétrique et inverse de celles qui ont présidé à l'élaboration du film (écriture des différents états du scénario, constitution du découpage technique en vue du tournage) ? N'est-il pas absurde de « démonter » ce qui a été patiemment (ou impatiemment) monté ?

En fait, les finalités de ces opérations diffèrent. L'écriture du scénario, le découpage technique, le tournage, le montage et le mixage constituent les étapes d'un processus de création, de fabrication d'un produit. La description et l'analyse procèdent d'un processus de compréhension, de (re)constitution d'un autre objet, le film fini passé au crible de l'analyse, de l'interprétation.

Mais, dira-t-on, à quoi bon comprendre ? À quoi bon interpréter un film ? Ne suffit-il pas de le *voir*, éventuellement de le revoir, de s'en remettre à sa sensibilité ? Le cinéma n'a-t-il pas pour but de dispenser des émotions ? N'est-il pas avant tout un plaisir, un spectacle ? N'appartient-il pas, bien plus que la littérature, et selon une tradition bien établie par l'industrie et le commerce, à l'univers des *loisirs* (même s'il relève bien maintenant, en France, du ministère de la Culture) ?

Analyser un film, ce n'est plus le voir, c'est le revoir et, plus encore, le *visionner*. Il s'agit d'une autre attitude vis-à-vis de l'objet-film, qui peut d'ailleurs apporter des plaisirs spécifiques : démonter un film c'est, en effet, étendre son registre perceptif et, de ce fait, si le film est vraiment riche, mieux en jouir. L'analyse d'un film comme *Playtime* de Jacques Tati fait découvrir des détails du traitement de l'image et du son (voir le petit livre de Michel Chion sur Tati[1]) qui accroissent le plaisir à de nouvelles visions.

Mais il y a aussi un *travail* de l'analyse, pour au moins deux raisons. D'abord parce que l'analyse *travaille* le film, au sens où elle le fait « bouger », ou fait bouger ses significations, son impact.

Ensuite parce que l'analyse travaille l'analyste, remettant en question ses perceptions et impressions premières, le conduisant à reconsidérer ses hypothèses ou ses partis pris, pour les consolider ou les infirmer.

---

1. Michel Chion, *Jacques Tati*, Paris, Cahiers du cinéma, 1987.

On peut d'ailleurs observer que l'analyse accompagne, précède ou suit fréquemment le travail de création des films : il n'est pour s'en convaincre que de lire les textes ou entretiens de grands cinéastes, de Epstein ou Gance à Eisenstein, de Hitchcock à Fritz Lang ou Ingmar Bergman et Truffaut. Elle s'intègre également au processus de *réception* des films. Ici, c'est le nom de grands critiques et théoriciens que l'on serait tenté de convoquer, de Louis Delluc à André Bazin, de Jean Mitry à Christian Metz.

L'analyse vient relativiser les images trop « spontanéistes » de la création et de la réception cinématographiques. Un déluge d'images nous environne. Elles sont si nombreuses, si « naturellement » présentes, si faciles à consommer qu'on oublie qu'elles sont le produit de manipulations multiples, complexes, parfois très élaborées. L'enjeu de l'analyse, c'est peut-être de renforcer l'émerveillement du spectateur lorsqu'il mérite de l'être, mais d'en faire un émerveillement actif.

Le premier contact avec un film, sa première vision apportent tout un lot d'impressions, d'émotions, d'intuitions même, si l'on s'est *a priori* placé dans une attitude « analysante ». Or, il n'est pas dit que l'analyse doive couper avec ces apports premiers qui risquent fort d'être précieux pour la suite. En effet, impressions, émotions, intuitions naissent de la relation du spectateur avec le film. Certaines d'entre elles peuvent évidemment avoir pour origine le spectateur plus que le film (parce que le spectateur tend à projeter sur le film des préoccupations qui sont les siennes). Mais le film reste la base sur laquelle prennent appui ses projections.

On ne peut pas conduire, élaborer une analyse de film sur la seule base des impressions premières. Mais on aurait tort de séparer radicalement le produit de l'activité spectatorielle « ordinaire » de l'analyse. À vrai dire, ce matériau brut, issu d'un contact spontané, moins *contrôlé*, avec le film, peut constituer un fonds d'*hypothèses* sur l'œuvre. Ces hypothèses devront évidemment être vérifiées concrètement par un véritable processus d'*analyse*.

Mais des questions du type : « Comment le film a-t-il pu produire sur moi tel ou tel effet ? », « Comment le film m'a-t-il conduit à sympathiser avec tel personnage, à trouver tel autre odieux ? », « Comment le film a-t-il engendré en moi telle idée, telle émotion, telle association ? », de telles questions, centrées sur le *comment* et non sur le *pourquoi*, conduisent à considérer le film plus en détail et à intégrer, à un moment ou un autre, les « premiers mouvements » du spectateur.

Qu'est-ce qu'analyser un film ?

L'expression « analyse de film » désigne aussi bien l'activité analytique (pratiquée en solo ou en groupe) que le fruit de cette activité, c'est-à-dire, à quelques exceptions près, un texte (si j'évoque par exemple l'analyse de *Lacombe Lucien* par Jacqueline Nacache[1]). La réflexion qui va suivre a pour origine les analyses-textes qui font le plus explicitement apparaître les traces de l'activité qui a présidé à leur élaboration, non pas, donc, celles proposées par les spécialistes, les « professionnels » qui, si elles exposent les instruments qu'elles sollicitent, si elles donnent à lire le simulacre de leur production, effacent et font le plus souvent oublier les éventuels obstacles rencontrés, mais plutôt celles d'étudiants moins expérimentés, généralement plus enclines à dévoiler les secrets authentiques de leur élaboration à toutes les étapes du travail. Elles sont le témoin de certaines attitudes réflexes, le symptôme d'un certain nombre de difficultés et à ce titre, nous invitent à nous interroger sur l'activité dont elles résultent.

L'analyse, quel qu'en soit l'objet – une partition musicale, la situation économique ou politique d'un pays, une œuvre littéraire, etc. –, suit un parcours en deux grands mouvements. Ainsi que l'indique la définition du *Dictionnaire culturel en langue française*[2] (« Opération intellectuelle consistant à découper

---

1. Jacqueline Nacache, Lacombe Lucien *de Louis Malle*, Paris, Atlande, 2008.
2. Sous la direction d'Alain Rey, Paris, Éditions Le Robert, 2005.

un texte en ses éléments essentiels, afin d'en saisir les rapports et de donner un schéma de l'ensemble »), une première étape vise à diviser le tout en parties, une seconde à reconstituer une globalité à partir des éléments isolés. L'analyse de film n'échappe pas à ce schéma général. Elle commence ainsi par dissocier, séparer, désassembler, découdre, prélever, détacher et nommer, autrement dit par décomposer l'objet en ses éléments constituants à la manière du chimiste qui, à partir de l'eau, isole l'hydrogène et l'oxygène. À cette phase de déconstruction, succédera une phase de reconstruction et de production d'un discours argumenté sur l'objet.

Une telle conception ne saurait toutefois constituer une méthode. Même s'il n'existe pas un ensemble de démarches ou de procédés fixes, il est possible de définir un certain nombre de « moments » de l'analyse qui jalonnent ce parcours allant de l'objet filmique à l'hypothèse sur l'objet. S'il s'agit de « moments » plutôt que d'étapes, c'est qu'ils ne se succèdent pas linéairement dans un ordre précis. Au contraire, l'analyste sera amené à revenir à plusieurs reprises et à intervalles réguliers à chacun d'entre eux.

Considérer l'objet : description, observation

Bien qu'intimement liées et partageant une même visée – décomposer l'objet –, la *description* et l'*observation* rendent compte de deux postures légèrement distinctes. La description d'un plan, d'une séquence, d'un film nécessite la maîtrise d'une terminologie spécifique (voir l'encadré 4). Elle envisage, à différentes échelles, le cadrage (échelle de plan, angle de prise de vues), la distance focale, la composition du plan, son contenu, la mise en scène, la texture de l'image, le rapport des couleurs, la lumière, le statut des sons, l'identification d'un point de vue, éventuellement d'un point d'écoute, le découpage des plans, les transitions (avec ou sans effet optique, avec ou sans raccord), le découpage du film en séquences, l'organisation temporelle du récit, etc. La description sait ce qu'elle cherche car elle repose sur des paramètres précis et techniques.

Elle est guidée et répond à des questions prévisibles et relativement systématiques. En ce sens, l'œil descripteur est volontiers un peu « inquisiteur ». L'observation, quant à elle, n'a aucun caractère technique et fait appel à une forme de disponibilité particulière en direction de l'objet. Plus flottante, plus ouverte à l'imprévu, moins directement volontaire, elle échappe au contrôle et laisse venir les informations. Il va sans dire que la frontière qui sépare la description de l'observation n'est pas hermétique, celles-ci incarnant deux modalités complémentaires d'un même geste qui consiste à *considérer* l'objet.

Un exemple : la description du prologue de *Fenêtre sur cour* (Hitchcock, 1954) mentionnera la présence de quatre plans, leur durée, les mouvements de la caméra, les pauses à l'intérieur de ces mouvements, les angles de prises de vue, l'échelle des plans, le contenu des images, la présence de la musique, etc. Un regard un peu moins orienté, moins descripteur et plus observateur, notera par exemple le caractère magique de l'apparition de Jefferies/ Stewart à la fin du second plan : le plan 1 montre une portion d'espace sans personnage ; le visage de Jefferies sur lequel se clôt le plan 2 vient soudain occuper cette zone vierge du plan 1, alors même qu'aucune ellipse temporelle n'a été signifiée. D'où sort Jefferies ? Comment est-il arrivé devant la fenêtre de la pièce ? Une telle interrogation ne résulte pas d'une description technique mais advient au fil d'une observation plus souple.

Remarque : la description et l'observation n'ont pas toujours un caractère affirmatif ou catégorique et peuvent parfois conduire à de vraies questions. Dans l'ouverture de *Fenêtre sur cour* toujours, la description de la bande sonore fera apparaître la complexité, l'ambiguïté et le caractère changeant du statut de la musique. Dans un premier temps, celle-ci se présente résolument comme « *off* »[1] et « extradiégétique »[2] dans la mesure où aucun orchestre ni aucun appareil n'en figurent la source à l'image ou dans ses pourtours.

---

1. Voir encadré 2, p. 52.
2. Qui n'appartient pas au monde de l'histoire racontée.

Pourtant, dans le plan 3, alors que la musique laisse place à un commentaire radiophonique, on peut voir un personnage qui, agacé par ces paroles, s'approche d'un poste de radio pour changer de station. Cette très courte scène a pour effet immédiat de « diégétiser » la musique, c'est-à-dire de la verser au compte de l'histoire. Le spectateur est alors invité à une relecture après coup du début de la séquence : cette musique qu'il croyait originaire d'un ailleurs, venait peut-être de l'appartement voisin de celui de Jefferies. Cette hypothèse d'une musique « hors champ » plutôt que « *off* » a *a priori* de bonnes raisons de s'appliquer également à la suite de la séquence. Pourtant, le volume sonore, trop élevé et trop constant, contredit une telle lecture, et la musique semble retrouver presque naturellement, au moment même où sa source cesse d'être présente à l'image, son statut de musique « *off* », statut qui lui était spontanément attribué au début de la séquence. Ainsi, à l'exception de ce fugitif instant où elle s'ancre explicitement dans le monde de l'histoire, elle semble plutôt, au long de la séquence, suspendue quelque part entre la diégèse et la sphère de l'énonciation. L'instabilité du statut de la musique et l'hésitation interprétative qui en résulte seront probablement plus intéressantes pour l'analyse que le fait de trancher à ce stade de la réflexion. Si cela pose problème, il faut s'en réjouir plutôt que chercher à lever trop vite l'ambiguïté. Car le problème est précisément ce dont nous avons besoin pour lancer notre analyse et la rendre nécessaire. Comme le dit explicitement Jacques Aumont, « il s'agit, partant de la solution que me donne l'image, de constituer le problème. Question première, question de fond de toute analyse d'image : "Quel est le problème ?" Quel problème puis-je poser à partir de cette ou ces images ? Quel problème pose-t-elle ou posent-elles, dont elles sont la solution ? ».[1] En un sens, il n'y a pas d'analyse sans problème.

Ce court exemple de l'ouverture de *Fenêtre sur cour* montre que la description et l'observation ne sont pas de nature mécanique. Il

---

1. Jacques Aumont, *À quoi pensent les films*, Paris, Séguier, 1996, p. 26.

fait également apparaître l'importance de cette étape du travail dont dépendront la finesse du raisonnement et la qualité de l'analyse. D'autres exemples montreraient sans peine que ces activités ne conduisent pas nécessairement à une matière « objective », chacun ayant sa propre perception de certains éléments[1]. Quelles que soient les conditions dans lesquelles s'effectue l'analyse, y compris celles de l'examen, il est donc indispensable d'accorder du temps à cette phase de « considération » de l'objet et de lui réserver le plus grand soin.

Cette double étape est souvent celle qui ouvre l'analyse mais pas toujours. Il arrive en effet que le point de départ soit une problématique (imposée ou non), une intuition déjà formée ou une hypothèse empruntée à autrui. Par ailleurs, si nous fondons généralement nos hypothèses sur les éléments de description et/ou d'observation, l'inverse se vérifie également. En effet, la réflexion, le travail d'interprétation modifient nécessairement notre représentation initiale de l'objet et permettent parfois de voir et/ou entendre ce qui au départ échappait à notre perception. Si voir permet de lire, lire permet aussi de voir. C'est pourquoi le retour après coup à la description ou l'observation pourra s'avérer nécessaire. La simple vérification d'un détail conduit quelquefois à l'inflexion ou à la remise en question d'une idée.

Association, confrontation, mise en relation, construction des idées

Un second « moment » de l'analyse concerne le traitement des éléments issus de l'observation et de la description, étant entendu que celles-ci ne sauraient suffire à l'analyse. Il peut bien sûr arriver qu'un élément observé conduise directement à une hypothèse de

---

1. Par exemple, là où Laurent Jullier, dans la séquence de la visite de la chambre 237 dans *The Shining* (S. Kubrick), voit une « *pin up* décatie couverte d'excréments » qui entrerait dans un paradigme du « dégoûtant », nous verrions plutôt un cadavre en décomposition, à associer à la problématique de la circulation entre les mondes des morts et des vivants. Voir *L'Analyse de séquences*, Paris, Nathan, 2002, p. 147.

lecture qui s'impose, en quelque sorte. D'une manière générale, il n'y a pas lieu de proscrire des manières de faire en analyse de film. Cependant, la démarche courante du type : « J'observe telle chose, cela signifie que… », qui attribue à chaque détail un sens immédiat et autonome, conduit rarement aux hypothèses les plus convaincantes. C'est pourquoi on conseillera, autant que faire se peut, de retarder le moment de l'interprétation. Entre l'objet et le commentaire, l'analyse construit un véritable espace de transformation qui met en jeu un ensemble de mécanismes et qui s'accommode mal de la précipitation. C'est à travers un certain nombre d'associations, de confrontations, de comparaisons et de questions que s'effectue cette transformation. Mais qu'entend-on par associations, confrontations et autres mises en relation ? Ces opérations peuvent prendre des formes très variées. Il pourra s'agir concrètement d'associer entre eux des éléments du film. Ainsi, sans sortir de l'objet, l'auteur de l'analyse rapproche par exemple des images qui se ressemblent ou au contraire s'opposent ou encore, pour une raison ou une autre, se répondent, et il construit des réseaux de signification à partir de la description et de l'observation. Il pratique alors ce que l'on appelle l'analyse interne. Mais, selon les visées de l'analyse, il pourra également choisir d'associer les données observées dans le film à des éléments extérieurs – de théorie du cinéma, d'esthétique, de philosophie, d'histoire, d'histoire du cinéma, de sociologie, de sciences cognitives, de psychologie –, ou encore à un autre film, un tableau, un roman…, les œuvres constituant potentiellement des objets mais aussi des outils d'analyse. Cette variété des outils montre bien que toute grille d'analyse est vaine par définition et que la méthode, d'une certaine manière, se réinvente un peu à chaque nouvelle expérience. Confronter ces outils extérieurs à l'objet, les faire travailler avec lui, permettra l'élaboration d'un raisonnement ou d'une démonstration. L'analyse n'en apparaîtra que moins arbitraire et plus objective. Plus objective, mais non pour autant moins personnelle. En règle générale, la subjectivité pure (« Moi, je vois le film ainsi ») ne saurait constituer un argument, et encore moins une preuve. En revanche, un raisonnement fondé sur la confrontation dynamique d'éléments variés et sur des choix méthodologiques précis et argumentés sera souvent perçu comme original et personnel. Qu'il puisse ensuite être discuté n'enlève rien à ses qualités logiques.

Les associations et mises en relation diverses, jamais gratuites, sont parfois amenées par une intuition ou une idée naissante en même temps qu'elles visent la création des idées. De l'idée ou de l'association, laquelle précède l'autre ? Difficile d'en décider, d'autant que l'idée surgit rarement spontanément en bloc mais se construit progressivement. Les deux activités fonctionnent donc en tandem.

Mais qu'est-ce qu'une « idée » ? Dans un texte devenu célèbre, issu d'une conférence prononcée devant les étudiants de la FEMIS en 1987[1], le philosophe Gilles Deleuze se propose de définir l'acte de création. L'originalité de cette approche consiste à ne pas réduire la création au domaine des arts et à considérer par exemple les philosophes comme des créateurs au même titre que les écrivains, les musiciens, les peintres ou les cinéastes. Ce qui les différencie les uns des autres est la nature de leurs idées : les philosophes créent des « idées en philosophie » que Deleuze nomme « concepts », les cinéastes des « idées en cinéma » ou « blocs de mouvements/ durée », les peintres des « idées en peinture » ou « blocs de lignes/ couleurs », etc. Dans le prolongement de ces propositions, nous pourrions définir l'analyse de film comme un repérage des « idées en cinéma » mises en œuvre dans l'objet analysé, puis leur trans-formation en ce que nous pourrions appeler, sur le même modèle, des « idées en analyse de film ». Une telle conception qui pourra sembler quelque peu théorique et abstraite présente cependant un double intérêt : d'une part, elle met l'accent sur la nécessité d'une transformation des données du film (les « idées en analyse de film » ne se confondant pas avec les « idées en cinéma ») et par conséquent sur la nécessité d'une prise de distance par rapport

---

1. Gilles Deleuze, « Qu'est-ce que l'acte de création », *Trafic* n° 27, automne 1998.

à l'objet analysé et sa description, d'autre part, elle rend compte du caractère créatif de l'analyse. Deleuze insiste sur le fait que les idées n'ont aucune existence avant d'avoir été inventées. Autrement dit, il ne s'agit pas de les « trouver » comme on trouve des champignons en forêt, mais de leur donner forme, de les façonner, de les modeler progressivement, en passant par toutes sortes d'étapes intermédiaires : intuitions, associations, questionnement, confirmation, évaluation, modification, etc.

Organisation et formulation des idées

Clore ici notre série de propositions générales, ce serait omettre un dernier « moment » de l'analyse qui concerne sa mise en forme. Une analyse aboutie n'est bien sûr pas une analyse exhaustive puisqu'elle demeure, par définition, interminable. Il apparaît donc peu utile de rendre compte de chaque détail qui aura, à un moment ou à un autre, attiré l'attention. Ainsi, de la description et de l'observation, seuls seront conservés dans l'analyse finale, les éléments utiles à l'élaboration des idées. Une analyse ne saurait se confondre avec un inventaire de remarques ou de petits commentaires indépendants qui viendraient s'additionner. C'est au contraire un texte articulé et qui a trouvé son architecture, sa cohérence d'ensemble. Sa forme sera plus ou moins académique selon l'auteur, l'objet analysé et la nature de la commande. Ce texte efface les différentes étapes de sa production, au profit d'une argumentation logique interne.

On comprend à quel point ce moment est à la fois délicat et déterminant. Déterminant car c'est bien au moment de la rédaction qu'une analyse écrite trouve sa tonalité, ses nuances, son ampleur, sa saveur et son efficacité. Délicat car il engage le rapport intime de l'analyste à l'écriture. Modeler les idées, leur donner corps par les mots, les développer en une proposition construite, tout cela se fait plutôt dans la solitude et peut difficilement se partager dans le cadre d'un travail collectif. Le cours d'analyse de film, par exemple, s'arrête le plus souvent au seuil de ce travail de formulation. Or, l'analyse, sous sa forme écrite, est produite pour être lue. Elle a comme visée de convaincre et de plaire, l'un n'allant bien sûr pas sans l'autre. Le souci d'efficacité n'exclut pas l'élégance, le plaisir de l'analyste n'exclut pas non plus celui du lecteur.

Spécificité de l'analyse filmique

En un sens, les moments de l'analyse énoncés ci-dessus n'appartiennent pas en propre au film et pourraient aussi bien s'appliquer à l'analyse littéraire, picturale ou musicale. Pour autant, l'approche du film se distingue de l'approche d'autres types d'objets. Si, pour reprendre les propos de Deleuze, une idée est toujours d'emblée vouée à un domaine[1] (le cinéma, la littérature, la peinture, la musique), cela veut dire que l'analyse est déterminée par la matière de son objet. L'analyse de film, pour sa part, doit sa singularité à la complexité de la matière filmique. La sémiologie a dénombré cinq matières de l'expression au cinéma : les images en mouvement, les paroles, les bruits, la musique et les mentions écrites. Même si une telle conception est assurément à reconsidérer en profondeur, elle a le mérite de pointer la grande hétérogénéité du matériau à analyser. Cette hétérogénéité rend particulièrement délicats les moments de description et d'observation ; elle requiert de la part de l'analyste une relative « virtuosité perceptive », elle implique que celui-ci est capable de voir et entendre simultanément une très grande quantité d'éléments en perpétuel mouvement. C'est pourquoi il ne suffit pas tout à fait d'être aguerri à l'analyse littéraire ou picturale pour faire un bon analyste de film.

Ce qui distingue le film de l'œuvre littéraire ou du tableau, c'est aussi son mode de représentation, et en particulier ce que Christian Metz appelait « l'impression de réalité » propre au cinéma[2] : la ressemblance (partielle) de l'image à ce qu'elle représente, la reproduction fidèle du mouvement et l'irréalité du matériau (des

---

1. *Ibid.*, p. 134.
2. Christian Metz, « À propos de l'impression de réalité au cinéma », in *Essais sur la signification au cinéma*, Paris, Klincksieck, réed. 2003.

ombres projetées sur un écran) : tout cela produit une « impression de réalité », indépendante du degré de réalisme du film, et dont ne jouissent ni le théâtre, ni la photo, ni la peinture. Or, cette impression de réalité ne favorise pas la distance critique et, par conséquent, ne facilite pas l'analyse elle-même, laquelle s'efforcera précisément de mettre en valeur ce qui, dans l'image, échappe à l'analogie, autrement dit, ce qui relève d'un langage. Ce faisant, elle évitera la paraphrase ou la simple description.

Présentation de l'ouvrage

Le présent ouvrage s'efforce d'être à l'image de ce qui vient d'être exposé. Il propose, dans une première partie, des éléments de réflexion générale concernant l'histoire des formes cinématographiques, les outils de la narratologie, l'approche esthétique, l'analyse du documentaire et les problèmes de l'interprétation. Cette partie vise, non à fixer un cadre rigide, mais à donner des repères et à préciser un état d'esprit propre à la démarche d'analyse. La seconde partie propose des analyses, du plan isolé au film entier. Nous n'avons pu aborder, dans les limites de ce livre, la question de l'analyse d'un ensemble de films (œuvre d'un cinéaste, corpus de films unis par un critère commun : période et lieu de production, thème, genre, etc.) ; ce type de travail prolonge le nôtre, mais requiert la mise en place d'opérations complémentaires spécifiques.

Les « analyses pratiques » de la seconde partie ne constituent pas à proprement parler des *exemples* (au sens de *modèles*). Elles sont partielles, partiales, pourraient être réduites, prolongées, recadrées. Mais elles développent et complètent les réflexions de la première partie (sans non plus viser à en être des applications systématiques) de manière concrète. Elles opèrent la rencontre entre des principes généraux et le matériau filmique réel, ces objets toujours spécifiques, toujours « nouveaux » que sont *le* film, *la* séquence ou *le* plan à analyser et par où, toujours, il faut commencer.

RÉFLEXIONS PRÉLIMINAIRES

1 ANALYSE DE FILMS ET HISTOIRE DES FORMES CINÉMATOGRAPHIQUES

Analyser un film, c'est aussi le situer, dans un contexte, dans une histoire. Et si l'on envisage le cinéma en tant qu'art, c'est situer le film dans une histoire des *formes* filmiques. Les films, tout comme les romans, les œuvres picturales ou musicales, s'inscrivent dans des courants, des tendances, voire des « écoles » esthétiques, ou s'en inspirent *a posteriori*. Le cinéma de la modernité européenne, de Jean-Luc Godard à Wim Wenders et à Léos Carax, est un cinéma de cinéphiles intégrant dans leurs œuvres des pans entiers de l'histoire du cinéma, via la pratique de la citation, du pastiche ou de la parodie (voir aussi Woody Allen et ses références à Bergman, Fellini, etc.). Mais les cinéastes « classiques » hollywoodiens connaissaient aussi leurs prédécesseurs et ne se faisaient pas faute de leur rendre hommage ou de s'en inspirer, qu'il s'agisse de l'expressionnisme allemand ou du cinéma soviétique des années 1920. C'est pourquoi il peut être intéressant, même si l'entreprise présente sans aucun doute quelque chose de réducteur et d'un peu utopique, de définir les caractéristiques formelles de quelques-unes des tendances marquantes de l'histoire des formes cinématographiques. Un film n'est jamais isolé ; il participe à un mouvement ou se rattache, peu ou prou, à une tradition. Encore faut-il être capable de repérer les figures de contenu ou d'expression permettant de définir le rôle et la place de l'œuvre dans ce mouvement ou cette tradition.

1. Le cinéma des premiers temps et la non-continuité

Passé le temps des films en un seul plan (une « vue », disait-on), les films des premiers temps (entre 1900 et 1908, environ) semblent se caractériser, pour un spectateur moderne, par la non-continuité. Noël Burch voyait trois éléments de non-continuité dans le cinéma « primitif »[1] :

– la non-homogénéité : les films sont construits par tableaux, séparés par de grandes ellipses narratives que les intertitres viennent à peine combler ; les intertitres n'ont pas nécessairement un lien narratif logique très étroit avec les images ; les décors naturels et les toiles peintes peuvent se succéder abruptement ; le jeu des acteurs varie parfois d'une scène à l'autre, du plus « documentaire » au plus « théâtral » (adresse au public-spectateur) ; les « faux raccords » (au sens que l'on accorde aujourd'hui à ce terme : erreur de liaison entre deux images ou deux éléments de l'image) abondent, etc. ;

– la non-clôture : les copies étaient vendues, et non louées ; les exploitants pouvaient donc changer des séquences ou des plans de place, couper des morceaux de film, etc. Certains films primitifs présentent ainsi des versions assez différentes et l'on peut croire, au moins pour certains d'entre eux, que leur structure « ouverte » autorisait ce genre de pratique ;

– la non-linéarité : on observe, par exemple, de nombreux exemples de chevauchements temporels d'une scène à une autre, ou d'un plan à un autre, dans les bandes des premiers temps (ce qui serait considéré comme un faux raccord temporel dans le cinéma classique).

1. Noël Burch, « Porter ou l'ambivalence », *in Le Cinéma américain, analyses de films*, vol. 1, Paris, Flammarion, 1980.

Les commentateurs attribuent ces traits de discontinuité narrative au fait que les modèles des cinéastes n'étaient pas le roman du XIXe siècle ou le théâtre classique, mais plutôt le music-hall, le vaudeville, la bande dessinée, les spectacles de lanterne magique, de cirque, de théâtre populaire.

2. Mise en place de la continuité narrative

On attribue souvent à D. W. Griffith le mérite d'avoir élaboré la forme de récit cinématographique qui servira de modèle à tout le classicisme hollywoodien et européen à partir des années 1915. Le rôle de Griffith a été évidemment important, mais on ne peut le séparer de tout un contexte, et notamment de la mise en place d'un mode de production rationalisé des films dans les grands studios hollywoodiens. La division du travail, la distribution des tâches confiées à des départements spécialisés (recherche d'idées, écriture de scénarios et d'adaptations, élaboration des découpages, tournage, etc.), tout cela nécessite l'existence de règles ou du moins de principes structurant l'élaboration du produit-film, et ce d'autant plus que le budget investi dans la production était important. La continuité narrative s'élaborera peu à peu sur la base des principes suivants :

– homogénéisation du signifiant visuel (décors, éclairages) et du signifié narratif (relations intertitres/images, jeu des acteurs, unité du scénario : histoire, profil dramatique, tonalité d'ensemble), puis du signifiant audiovisuel (synchronisme de l'image et des sons – paroles, bruits, musique) ;

– linéarisation, par la façon dont on *raccorde* un plan au plan suivant : raccord dans le mouvement (sur le geste d'un personnage ou le mouvement d'un véhicule), raccord sur le regard (un personnage regarde/on voit ce qu'il voit), raccord sur le son (existe même dans les films dits muets : un personnage écoute/on voit ce qu'il entend ; ou bien, dans un film sonore, on entend un bruit dans un plan/on en identifie la source dans le plan suivant). Bien entendu, par la suite, les voix off, les dialogues, la musique fournissent des moyens pratiques et puissants de linéarisation. Tous ces moyens ont ceci de commun qu'ils font « oublier » au spectateur le caractère fondamentalement discontinu du signifiant filmique constitué d'images « collées » les unes aux autres. Certaines figures de montage ont également contribué à structurer le récit hollywoodien classique : le montage *alterné* (orchestré par Griffith), qui permet de montrer en alternance deux (ou plus de deux) événements se déroulant simultanément, en est le plus bel exemple. C'est sans doute aussi à Griffith que l'on doit la technique de *l'insert*, ce gros plan de détail qui, dans la dynamique d'une scène, donne une information importante au spectateur tout en soulignant son impact dramatique (plan d'une arme, par exemple).

3. La narration filmique « classique »

Elle porte sans conteste la marque des grandes formes romanesques du xixe siècle. Griffith s'est d'ailleurs explicitement réclamé de Dickens pour justifier certaines de ses hardiesses narratives. C'est ainsi que le cinéma, d'abord placé sous l'influence dominante de la scène théâtrale (spectacles populaires, puis théâtre classique : voir *L'Assassinat du duc de Guise* en 1908), de son découpage en tableaux et du point de vue qu'elle offre sur l'histoire racontée (des scènes filmées frontalement dominent la production jusque dans les années 1920), voit ses formes narratives gagnées par le roman. On peut en voir un indice flagrant dans la mobilité et la souplesse de plus en plus grandes du point de vue : la caméra ne se contente plus d'enregistrer la scène de l'extérieur, à la place du spectateur d'orchestre, elle peut occuper la place de l'un ou l'autre protagoniste et faire alterner les points de vue des personnages et celui du « Grand Imagier ». Cependant, le spectateur de cinéma n'est pas un lecteur de roman : ses repères visuels doivent être tels que l'espace et le temps du récit filmique demeurent clairs, homogènes, et s'enchaînent logiquement.

Les techniques cinématographiques mises en œuvre dans le récit classique seront donc, dans l'ensemble, subordonnées à la clarté, à l'homogénéité, à la linéarité, à la cohérence du récit, ainsi qu'à son impact dramatique, bien entendu. Domineront la *scène* (durée de projection = durée diégétique) et la *séquence* (ensemble de plans présentant une forte unité narrative), séparées – ou plutôt liées – par des figures de démarcation nettes (le fondu au noir, le fondu enchaîné, souvent eux-mêmes intégrés dans l'histoire, comme l'a montré Christian Metz, pour « signifier » le passage du temps, le changement de lieu, le changement d'état physique ou psychologique). L'enchaînement des scènes et des séquences se déroule selon une dynamique des causes et des effets claire et progressive. Le récit est généralement centré sur un personnage principal, ou un couple (le *star system* a contribué à renforcer cette règle scénaristique), au « caractère » assez clairement dessiné, confronté à des situations conflictuelles. Le déroulement apporte au spectateur les réponses aux questions (et, éventuellement, énigmes) que le film amène à se poser.

L'instauration à la fois rapide et progressive des grands genres a contribué à l'homogénéisation des récits cinématographiques. Chaque genre comporte en effet des caractéristiques spécifiques sur le plan des contenus (type de personnages, d'intrigues, de décors, de situations) et des formes d'expression (éclairages, types de plans privilégiés, couleurs, musique, jeu des acteurs, etc.). Marc Vernet a bien souligné que, à un moment donné de son évolution, un genre se définit autant par ce qui en est exclu que par ce qui en fait partie intégrante – le spectateur jouit ainsi du plaisir de la reconnaissance sans risquer d'être perturbé par des éléments de désordre esthétique[1].

On a proposé le terme de « transparence » pour désigner la qualité spécifique de ce type de films, où tout semble se dérouler sans heurt, où les plans et les séquences s'enchaînent apparemment en toute logique, où l'histoire semble se raconter toute seule.

---

1. Marc Vernet, « Genre », *in Lectures du film*, Paris, Albatros, 1975.

Toutefois, le cinéma classique a également produit des films plus complexes, plus sophistiqués sur le plan des dispositifs narratifs, moins confortables peut-être pour le spectateur (on dira alors que ces films étaient déjà « modernes »). Pensons par exemple aux films à flash-back (retours en arrière), tels *Citizen Kane* (1940) ou *Le jour se lève* (1939), deux films qui firent figure de modèles pour nombre de productions postérieures, ou bien aux films à points de vue multiples (*Citizen Kane* encore, *Les Girls*, *La Comtesse aux pieds nus*, *Rashomon*) ou à narrateur (narration) ambigu(ë) ou insolite (*Laura*, *Sunset Boulevard*, *Chaînes conjugales*, etc.). Dans ces cas de figure, la structure en scènes et séquences, le respect des règles de montage (très relatif, il est vrai, dans le cas de *Citizen Kane*), la scrupuleuse clarté des informations spatio-temporelles compensent la complexité de la narration.

4. De quelques tendances rebelles au classicisme

C'est à partir de 1914 que le cinéma américain, puissamment organisé, envahit les écrans du monde entier. Un modèle esthétique semble s'imposer. Cependant, des résistances se développent, notamment en Europe, même si ce modèle (que Noël Burch nomme le MRI : Mode de représentation institutionnelle) est appelé à dominer la production mondiale[1].

4.1 Le cinéma soviétique des années 1920

Après la révolution de 1917, l'État soviétique s'intéresse au cinéma comme moyen d'enseignement et de propagande. Lénine le charge d'une véritable mission didactique. Le décret de nationalisation du cinéma russe est signé en 1919. Les cinéastes engagés dans le mouvement révolutionnaire refusent évidemment le modèle hollywoodien, avec ses partis pris individualistes (le personnage principal, la star), ses objectifs purement spectaculaires et

---

1. Noël Burch, *La Lucarne de l'infini*, Paris, Nathan-Université, 1992, réed. l'Harmattan, 2007.

commerciaux, son mode de récit aliénant (le spectateur, emporté par les aspects pseudo-logiques et affectifs du récit n'a pas la possibilité de réfléchir ou de prendre une distance critique par rapport à la vision du monde qu'on lui présente). Les uns se tournent vers l'actualité, le document, le reportage, pour rendre compte de la réalité de la Russie. Mais cette réalité ne saurait être restituée à l'état brut, simplement enregistrée. Il faut que le *montage* des images contribue à l'expliquer, la construire, l'interpréter, l'exalter. Un cinéaste comme Dziga Vertov va donc rassembler des images tournées un peu partout, pour les organiser en un discours exprimant une vision communiste du monde soviétique tel qu'il va (*L'Homme à la caméra*, 1929).

Les cinéastes qui se tournent vers la fiction (Poudovkine, Eisenstein) ne se contenteront pas non plus de raconter des histoires : ils voudront souligner les significations historiques des événements, pathétiser les luttes de classes, les combats, exalter les forces révolutionnaires en mouvement. Sur le plan des contenus, il en résulte des histoires sans héros individuel ou personnage principal (à moins qu'il ne soit emblématique d'une force ou d'un problème, comme la Mère du film de Poudovkine, d'après Gorki, qui s'éveille peu à peu à la conscience révolutionnaire), des histoires où s'affrontent des forces (l'équipage du cuirassé *Potemkine* contre les officiers, le peuple d'Odessa contre les soldats tsaristes : *Le Cuirassé Potemkine* d'Eisenstein ; les ouvriers en grève et les prisonniers contre la police et l'armée : *La Mère* de Poudovkine), des histoires qui prennent le plus souvent la forme de l'épopée.

Dans l'ensemble, les histoires sont toujours claires, mais dans le détail les cinéastes soviétiques se soucient moins de préserver la cohérence et la continuité des enchaînements spatio-temporels que d'éveiller l'esprit et la passion du spectateur. Le montage des images, dans ces conditions, s'il a bien une fonction narrative pour ce qui concerne la structure d'ensemble du film (voir par exemple *Le Cuirassé Potemkine*, avec ses parties, ses intertitres expositifs), a surtout deux autres fonctions :

– une fonction de « pathétisation », tendant à amplifier les événements et les conflits, selon des procédés tels que le surdécoupage, le montage accéléré, le ralenti, l'utilisation du gros plan et du très gros plan, des angles de prise de vues accentués (contreplongée, par exemple), des éclairages fortement contrastés ou stylisés ;

– une fonction d'« argumentation », tendant à exprimer des idées, des valeurs, selon des procédés tels que le montage parallèle (qui permet de comparer des grévistes fusillés à des animaux abattus, le flot des ouvriers en révolte à celui du fleuve à la fonte des glaces : voir *La Grève*, d'Eisenstein, *La Mère*, de Poudovkine, ou de mettre en place des *antithèses :* les bourgeois et les ouvriers dans *La Nouvelle Babylone*, de Kozintsev et Trauberg), la comparaison visuelle (en enchaînant un plan de Kerenski à un plan de paon dans *Octobre*), les intertitres (qui ironisent, jugent, formulent des slogans ou des maximes), la lumière, les angles de prise de vues ou les gros plans (par lesquels on peut aussi ironiser sur un personnage ou l'exalter : voir le fameux gros plan du lorgnon dans *Le Cuirassé Potemkine*, tout ce qui reste du médecin de bord une fois que l'équipage s'en est débarrassé).

Par rapport au film classique, le film soviétique des années 1920 n'offre pas de repères spatio-temporels stables permettant de construire un univers diégétique « plein ». Les données sont claires, mais lacunaires, abstraites. Ainsi, dans le célèbre épisode de l'escalier d'Odessa (*Le Cuirassé Potemkine*), est-il impossible de dire en combien de temps tout cela se passe (le temps semble piétiner, les micro-événements se chevauchent ou se dilatent), tout aussi impossible de situer tous les protagonistes dans l'espace global et les uns par rapport aux autres. La logique des raccords ne se fait pas rigoureusement sur gestes, mouvements ou regards, mais selon un rythme tendant à orchestrer des motifs visuels et idéels. Toutefois rien ne demeure ambigu, le sens advient toujours au spectateur, selon des lignes émotionnelles et conceptuelles[1].

Dans une scène célèbre de *La Ligne générale* d'Eisenstein (1929), un technicien vient faire dans un kolkhoze la démonstration d'une écrémeuse devant les paysans méfiants. Le montage fait alterner des images de la machine (différents détails), les visages fermés des paysans, des intertitres (*Supercherie ?*). Puis on met la machine en route, la manivelle tourne, le montage s'accélère : alternance des visages des paysans, de la machine (le lait brassé, le bec de l'écrémeuse, etc.). Des plans de roulette viennent s'insérer dans le montage, avec les intertitres (*Supercherie ? Argent ?*), sortes de métaphores visuelles. Le montage s'accélère encore. Un très gros plan du bec de l'écrémeuse voit perler une goutte de lait, le montage s'accélère toujours, visages hilares des paysans, pluie de lait (très abstraite, sur fond noir), intertitres (*Il s'est épaissi !*). On ne peut dire où cela se passe exactement, ni comment les paysans sont situés les uns par rapport aux autres. On voit bien que des plans montrent des éléments non diégétiques (la roulette, la pluie de lait). Mais la signification d'ensemble reste claire, le rythme et les associations d'images ont porté l'idée.

4.2 La première avant-garde française : l'impressionnisme

En réaction contre l'impérialisme américain, un certain nombre de cinéastes français veulent, dans les années 1920, promouvoir un cinéma national qui saurait se démarquer des contraintes du cinéma dominant, à savoir, selon eux, l'assujettissement au théâtre et au roman. En d'autres termes, il faudrait libérer le cinéma de l'obligation de raconter des histoires, en faire un art qui se soutiendrait de ses seules richesses formelles. C'est le « cinéma pur », ou encore la « musique des yeux », comme l'écrivait Germaine Dulac.

En fait, les lois du commerce et de l'industrie ne permettent pas qu'on soustraie longtemps le cinéma à la narration. Ces cinéastes

---

1. Voir l'étude critique de Barthélémy Amengual, Nathan-Université, coll. « Synopsis », 1992.

(Louis Delluc, Germaine Dulac, Jean Epstein, Marcel L'Herbier, Abel Gance) le comprennent vite. Mais ils ne renoncent pas pour autant à leurs recherches formelles et insèrent, en contrebande, des thèmes et variations visuels dans des fictions en bonne et due forme : voir *L'Argent* (L'Herbier, 1929), *La Roue* (Gance 1921-1924), *La Chute de la Maison Usher* (Epstein, 1927), et bien d'autres. Toutes les ressources filmiques sont convoquées et exploitées pour composer des « symphonies visuelles et rythmiques » : montage accéléré, ralentis, surimpressions simples ou multiples, passage au négatif, images floues, jeux sur des motifs visuels, travail du noir et blanc. L'intrigue piétine parfois pour laisser place à ces morceaux de bravoure : le déraillement du train dans *La Roue*, donnant lieu à de superbes variations sur le motif du cercle en mouvement, la nuit d'attente angoissée dans *La Chute de la Maison Usher*, au cours de laquelle le montage compose un univers fantastique où s'interpénètrent les mouvements intérieurs des personnages et les forces naturelles et surnaturelles aboutissant à la « résurrection » de l'épouse morte.

Ces recherches ne sont pas, en fait, de l'art pour l'art. Elles s'inscrivent dans une ambition plus vaste : exprimer, par le cinéma, art du temps et du mouvement, l'« impondérable », révéler ce qui n'est pas visible à l'œil nu, créer un univers de « féerie réelle » (Epstein).

4.3 La seconde avant-garde : dadaïsme et surréalisme

Celle-ci procède de recherches plastiques effectuées par des peintres dès le début des années 1920, en Allemagne notamment : compositions visuelles centrées sur des formes abstraites en mouvement (*Symphonie diagonale*, Eggeling, 1923) et des rythmes purs (série des *Rythmes*, Richter, 1921-1926). Mais les Français demeurent, quant à eux, figuratifs, et s'ils s'intéressent aussi au mouvement (ressources du montage, de la surimpression et des divers trucages visuels), c'est pour traiter des sujets concrets : objets usuels, machines, corps humain (*Le Ballet mécanique*, Léger, 1924). Les dadaïstes ajoutent à tout cela une touche de dérision, d'anarchisme et de provocation : *Entr'acte* (Clair et Picabia, 1924) joue d'images chocs (une danseuse barbue, un corbillard traîné par des dromadaires) et du montage accéléré confinant à l'abstraction visuelle. Les surréalistes explorent plus avant, à l'aide d'associations d'images, les fantasmes érotiques et les pulsions révolutionnaires, mais ils ne sont vraiment représentés, à l'époque, que par Buñuel et Dali (*Un chien andalou*, 1928 ; *L'Âge d'or*, 1930). Ces deux films jettent néanmoins les bases d'une narration qui n'obéit pas à la logique du récit classique, cultive les ruptures, l'onirisme, les images mentales, la confusion entre subjectivité et objectivité, les visions provocantes (l'œil de la femme coupé au rasoir, dans *Un chien andalou*).

4.4 L'expressionnisme allemand

Le cinéma expressionniste allemand participe d'un vaste mouvement esthétique englobant arts plastiques, littérature, arts du spectacle, architecture, entre 1907 et 1926. Il s'oppose radicalement au réalisme et à la vraisemblance : c'est un cinéma de « visions », d'« hallucinations », de création d'univers par exacerbation des formes. L'influence des peintres et des architectes traverse les films expressionnistes, décelable dans le recours à des décors irréalistes (*Le Cabinet du docteur Caligari*, Wiene, 1919) ou monumentaux (*Metropolis*, Lang, 1926) et dans le travail de composition des images : oppositions fortes entre ombres et lumières, stylisation, espace picturalisé ou théâtralisé à outrance. Le maquillage, le vêtement et le jeu des acteurs participent à la mise en place d'un univers résolument factice, halluciné, inquiétant, avec ses villes labyrinthiques, ses créatures étranges (somnambule, mannequin, robot, Golem, médecins criminels, doubles, etc.), ses fêtes foraines maléfiques.

Tous ces mouvements – c'est le destin des mouvements esthétiques – se sont éteints en leur temps, pour des raisons diverses (idéologiques et politiques, économiques). Mais, par l'un ou l'autre de leurs aspects, ils ont infiltré le cinéma classique et n'ont pas cessé d'influencer tout le cinéma ultérieur. Quelques exemples, indicatifs évidemment : l'utilisation des gros plans et éclairages « pathétiques », à la Eisenstein, se retrouve dans *Les Raisins de la colère* (John Ford, 1940). Les ressources du montage, du surdécoupage ont été abondamment exploitées par Hitchcock (que l'on compare, pour s'en convaincre, la scène de l'escalier d'Odessa du *Cuirassé Potemkine* à l'attaque des oiseaux à la sortie de l'école dans *Les Oiseaux* : surdécoupage, dilatation temporelle, gros plans, détails – lunettes cassées –, etc.). Quant aux aspects plus idéologiques du montage soviétique, on les retrouve chez certains cinéastes des années 1930 (Vigo, *À propos de Nice*, 1929 ; Renoir, *La Vie est à nous*, 1936) et des années 1960 (Godard, *Les Carabiniers).*

Les recherches sur le mouvement des avant-gardes ont évidemment nourri le cinéma *underground,* mais elles ont aussi touché la production courante. Pour ne prendre que ces deux exemples, on en trouvera trace dans l'œuvre d'un Leos Carax (scène du cracheur de feu dans *Les Amants du pont Neuf,* 1991) ou d'un Wim Wenders (symphonie visuelle sur le motif de Berlin, au début des *Ailes du désir,* 1987, variations formelles sur les images vidéo dans *Jusqu'au bout du monde,* 1991). Mais on trouverait nombre de cinéastes aussi pénétrés de motifs visuels que de thèmes idéels : Bresson, Antonioni, Godard, Lynch...

Quant à l'expressionnisme, il a profondément marqué le cinéma allemand (Pabst, Sternberg), le cinéma américain, via l'immigration (Siodmak, Lang), notamment certains genres (le film noir : Welles, Hawks ; le film d'horreur), ainsi que le cinéma européen des années 1940-1950 (films naturalistes « noirs » de Duvivier ou Carné, par exemple).

Bien entendu ces transpositions formelles s'effectuent toujours dans un contexte différent. Et c'est bien là la tâche de l'analyste : repérer la filiation, la référence, l'inspiration, apprécier sa mise en œuvre, ses limites, ses nouvelles significations. Les traces d'expressionnisme ne manquent pas dans *Rebecca* ou dans *Elephant*

Man (David Lynch, 1980) : ils n'en sont pas pour autant des films expressionnistes.

5. Les cinémas de la modernité

Si l'on se réfère à Gilles Deleuze (*L'Image-temps*[1]), la modernité cinématographique trouve ses origines dans l'Europe de l'après-guerre, avec le néo-réalisme italien. Désastres de la guerre, absence totale de moyens financiers, crises politique et idéologique : il s'agit de témoigner, de montrer le monde contemporain dans sa vérité. L'intrigue importe moins que la description de la société (sous-développement économique, chômage, problème des campagnes, condition des vieillards, des femmes, des enfants). Le néo-réalisme renoue avec le documentaire (genre qui n'a pas cessé d'évoluer, des premières vues des frères Lumière aux documentaires engagés de Lacombe, Carné ou Vigo dans les années 1920, en passant par les Britanniques) : tournage en extérieurs, en décors naturels, refus des effets visuels ou des effets de montage, images peu contrastées, recours à des acteurs non professionnels (ouvriers, pêcheurs, paysans, etc.), sujets sociaux, intrigues lâches, sans actions spectaculaires (les personnages centraux ne sont pas des héros, mais des enfants, des vieux, des chômeurs, des petites gens).

Toutefois, vers la fin des années 1950, la modernité européenne se complexifie sous la pression de facteurs divers : évolution des mentalités (les soucis collectifs, sociaux, laissent place à des problèmes psychologiques plus individualisés), évolution des techniques (progrès du matériel léger d'enregistrement des images et des sons : caméra 16 mm, magnétophone), influence des autres arts (littérature, théâtre), modifications du milieu cinématographique (producteurs et cinéastes plus indépendants, budgets allégés, tournages plus libres et plus souples). La notion d'auteur fait son apparition, et donne lieu à des œuvres de plus en plus

---

1. Gilles Deleuze, *L'Image-temps*, Paris, Éditions de Minuit, 1985.

personnelles (Fellini, Bergman, Truffaut). Bien entendu, la modernité européenne puise son inspiration chez des prédécesseurs, des « patrons » comme les jeunes cinéastes d'alors les ont respectueusement appelés (Renoir, Rossellini), et a été annoncée par des hommes comme Robert Bresson ou Jacques Tati.

Par rapport au modèle classique, le film moderne se caractérise :

– par des récits plus lâches, moins organiquement liés, moins dramatisés, comportant des moments vides, des lacunes, des questions non résolues, des fins parfois ouvertes ou ambiguës ;

– par des personnages moins nettement dessinés, souvent en crise (crise de couples, crise psychologique), peu enclins à l'action ;

– par des procédés visuels ou sonores brouillant les frontières entre subjectivité (du personnage, de l'auteur) et objectivité (de ce qui est montré) : rêves, hallucinations, fantasmes, souvenirs montrés sans transition avec des images du « présent objectif » (voir Fellini, Bergman, Carlos Saura, tous précédés par Buñuel) ; mélange de style documentaire ou de reportage avec un filmage de fiction plus classique (Rohmer, Godard) ; manipulations temporelles produisant chez le spectateur des effets de confusion entre présent, passé et temps imaginaire (Resnais) ;

– par une présence forte de l'auteur, de ses marques stylistiques, de son regard sur les personnages et l'histoire qu'il raconte : commentaire narratif (les voix off chez Truffaut), mouvements d'appareil, ruptures stylistiques brusques (Godard), gros plans insistants, longs plans fixes (Bergman, Eustache) ;

– par une certaine propension à la *réflexivité*, c'est-à-dire à parler de lui-même (du cinéma, des films, de la représentation et des arts, des relations entre l'image, l'imaginaire et le réel, de la création) : voir *8 1/2* (Fellini), *La Nuit américaine* (Truffaut), *L'État des choses* (Wenders), *Le Mépris* (Godard), *Profession, reporter* (Antonioni), *Le Voyage des comédiens* (Angelopoulos), *Fanny et Alexandre* (Bergman), et bien d'autres. D'où un goût prononcé pour les citations directes (film dans le film) ou indirectes (séquences inspirées d'autres séquences) et, chez certains cinéastes, pour des recherches formelles exaltant le cinéma pour lui-même (Antonioni, Godard).

On voit que, par certains aspects, la modernité des années 1960-1970 puise bien aussi dans l'histoire du cinéma : points communs avec les impressionnistes des années 1920, hommages au cinéma classique hollywoodien, etc. Mais elle influence à son tour la production courante et les cinéastes américains (Altman, Kubrick, Coppola, Scorsese).

6. Cinémas indépendants, postmodernité

À chaque époque, des cinéastes indépendants des systèmes de production dominants ont développé des formes atypiques, souvent inscrites dans des mouvements d'avant-garde artistiques ou contre-culturels. De Man Ray à Andy Warhol, des films parfois dits « expérimentaux », en dépit d'une diffusion restreinte, ont progressivement et durablement exercé une forte influence sur les formes audiovisuelles ultérieures, qu'il s'agisse de films narratifs, de spots publicitaires, de clips ou d'Art-vidéo.

La notion d'œuvre postmoderne se développe dans les années 1970-1980 pour tenter de rendre compte de deux tendances formelles du cinéma, au demeurant assez différentes. L'une se réfère à l'extension d'une forme de cinéma-spectacle tendant à immerger le spectateur dans un bain de sensations visuelles et sonores, processus favorisé par l'évolution des techniques de reproduction et de diffusion des sons et des musiques et par la multiplication des effets spéciaux qu'autorise le recours aux images numériques. *Le Grand Bleu* de Luc Besson, avec la musique d'Éric Serra, constitue en 1987 un jalon notable de ce mouvement qui se prolonge avec des œuvres s'apparentant souvent à des jeux vidéo (la série des *Matrix*).

L'autre tendance renvoie à l'hétérogénéité formelle d'œuvres juxtaposant les genres ainsi que les citations, parodies, pastiches, références à toutes sortes de sources d'inspiration (cinéma classique ou moderne, clip, théâtre, peinture, opéra, etc.).

Les films de Peter Greenaway (*The Pillow Book*, 1996) ou de Wong Kar-wai (*In the Mood for Love*, 2000) en offrent de bons exemples.

Cette mise en perspective très cavalière et très lacunaire (on pourrait écrire une histoire de la profondeur de champ ou des images mentales au cinéma) n'a d'autre but que de sensibiliser l'analyste à la nécessité de situer le film dans l'évolution des formes. Les cinéastes héritent, observent, s'imprègnent, citent, parodient, plagient, détournent, intègrent les œuvres qui précèdent les leurs. Des éléments filmiques qu'on croyait dépassés, révolus, ont été repris (par exemple l'utilisation du cache, de l'iris, fréquents dans le cinéma muet, remis à la mode dans les années 1960 par les cinéastes de la Nouvelle Vague française), mais dans des contextes différents, les formes et les significations en étant automatiquement renouvelées.

En d'autres termes, les formes cinématographiques se constituent en un fonds culturel dans lequel puisent les créateurs, et il appartient bien à l'analyste de rendre compte des mouvements qui en découlent.

ENCADRÉ I : SÉQUENCES ET PROFILS SÉQUENTIELS

I. Séquence

Définition : ensemble de plans constituant une unité narrative définie selon l'unité de lieu ou d'action. Le *plan-séquence* correspond à la réalisation d'une séquence en un seul plan.

Quelques grands types de séquences :

– Paramètres filmiques (d'après Christian Metz[1]) :

• la *scène* ou séquence en temps réel : la durée de la projection égale la durée fictionnelle ;

• la séquence « ordinaire » : comporte des ellipses temporelles plus ou moins importantes ; suite chronologique ;

• la séquence alternée : montre en alternance deux (ou plus de deux) actions simultanées ;

---

1. Christian Metz, *Essais sur la signification au cinéma*, t. 1, Paris, Klincksieck, 1968, 2003.

• la séquence « en parallèle » : montre en alternance deux (ou plus de deux) ordres de choses (actions, objets, paysages, activités, etc.), sans lien chronologique marqué, pour établir, par exemple, une comparaison ;
• la séquence « par épisodes » : une évolution couvrant une période de temps importante est montrée en quelques plans caractéristiques séparés par des ellipses ;
• la séquence « en accolade » : montage de plusieurs plans montrant un même ordre d'événement (la guerre, par exemple).
– Paramètres scénaristiques : ils permettent de distinguer des séquences :
• en extérieur/en intérieur ;
• de jour/de nuit ;
• visuelles/dialoguées ;
• d'action, de mouvement, de tension/inaction, immobilité, détente ;
• intimes/collectives, publiques ;
• à un personnage/à deux personnages/de groupe ; etc.

2. Profils séquentiels

Dépendent des variables suivantes :
– nombre et durée des séquences = permettent d'opposer des films (ou parties de film) très « découpés » à d'autres peu découpés (comparer Hitchcock et Angelopoulos, par exemple) ;
– enchaînement des séquences : rapide/lent ; « cut »/par figure de démarcation (fondus, enchaînement musical ou sonore, etc.) ; chronologiquement marqué/achronologique ; logiquement motivé/non claire-ment motivé ; continu/discontinu ;
– rythme inter et intraséquentiel : rapide/lent ; « dur »/« mou » ; continu/discontinu ; etc.

2 QUELQUES OUTILS NARRATOLOGIQUES

La « narratologie », terme quelque peu barbare, désigne littéralement la science du récit. Sa vocation est d'appréhender les œuvres dans leurs grandes structures, leur organisation générale, de les considérer dans leur globalité, de rendre compte de leur mouvement d'ensemble. Après avoir conçu ses premiers modèles et catégories dans le champ littéraire, elle a connu d'importants prolongements dans le domaine du cinéma en raison même du caractère narratif d'une grande majorité de films, des premiers temps à aujourd'hui. Les approches narratologiques du film présentent une grande variété : les unes, héritées du structuralisme, se préoccupent principalement de l'organisation des contenus narratifs ou de l'histoire racontée et s'inscrivent dans une narratologie générale non spécifique à un domaine. D'autres cherchent à s'émanciper des théories littéraires et visent à édifier une « narratologie de l'expression » ; elles placent l'ensemble des récits filmiques face à l'ensemble des récits non filmiques (théâtraux et romanesques par exemple). D'autres encore, à l'intérieur de l'ensemble des récits filmiques, à travers l'histoire du cinéma, visent à établir une typologie de récits en définissant de grands profils narratifs. Enfin, celle qu'adopte l'analyste de film vise à rendre compte du fonctionnement narratif propre à un film particulier, ou à une partie d'un film.

Nous pourrions envisager une infinité de démarches hybrides et toutes sortes d'interactions entre ces trois démarches. Celle par exemple d'André Gaudreault tient à la fois de la seconde lorsqu'il s'évertue à défendre l'existence d'une narrativité « intrinsèquement » cinématographique, de la troisième lorsqu'il s'arrête en particulier sur les films des premiers temps, et de la quatrième lorsqu'il s'arrête en particulier sur *L'Arroseur arrosé*[1].

1. Récit, narration, diégèse

Dans *Esthétique du film*[2], Marc Vernet emprunte, pour l'appliquer et l'adapter au film, la tripartition conçue par Gérard Genette dans son célèbre « Discours du récit »[3] : histoire-diégèse/récit/narration.

L'histoire désigne très simplement, pour les deux auteurs, la suite d'événements contenue dans l'œuvre, ou encore le « signifié », le « contenu » narratif. Ainsi par exemple, *La Grande illusion* de Jean Renoir (1937) raconte l'évasion de Français prisonniers en Allemagne en 1917. Si, lors d'un premier visionnage, l'histoire se lit dans les images du film, au fur et à mesure de leur défilement, elle est après coup susceptible de s'autonomiser. C'est pourquoi il est possible, à loisir, de résumer une histoire ou au contraire de l'étirer, de la développer.

Le terme de diégèse, proche mais non synonyme (car d'une portée plus large), désigne l'histoire et ses pourtours, l'histoire et l'univers fictionnel qui lui est associé (le conflit franco-allemand pendant la Première Guerre mondiale constitue la diégèse de *La Grande illusion)*. La diégèse possède par rapport à l'histoire, un statut ambigu puisqu'elle est à la fois engendrée et supposée par elle (la Première Guerre mondiale existait antérieurement au film de Renoir). Autrement dit, toute histoire crée son univers diégétique en même temps que celui-ci aide à sa compréhension.

---

1. André Gaudreault, *Du littéraire au filmique, système du récit*, Paris, Méridiens-Klincksieck, 1988, réed. Armand Colin, 1998.

2. J. Aumont, A. Bergala, M. Marie, M. Vernet, *Esthétique du film*, Paris, Nathan-Université, 1983, réed. Armand Colin, 2008.

3. Gérard Genette, « Discours du récit » (Introduction), *Figures III*, Paris, Seuil, « Poétique », 1972.

Le substantif « diégèse » présente l'avantage d'offrir l'adjectif « diégétique », utile là où l'adjectif « historique » s'avère inapproprié. Il génère du même coup une série d'expressions telles que « univers ou monde diégétique », « temps, durée diégétiques », « espace diégétique », « son, bruit, musique diégétiques (ou extra-diégétiques) »[1], autant de formules dont l'analyse fera bon usage.

Le récit, quant à lui, a été défini par Gérard Genette comme le discours narratif dans sa matérialité, comme un ensemble signifiant. Au cinéma, c'est le film lui-même, considéré sous l'angle de la narrativité. Le récit filmique dépend étroitement des images qui le produisent et ne jouit pas de la même autonomie ni de la même élasticité que l'histoire. C'est pourquoi, s'il présente des points communs avec le récit de son scénario, il se saurait se confondre avec lui, l'un étant fait d'images, l'autre de mots. Précisons que, malgré ce qui les distingue, l'histoire et le récit sont solidaires : si l'histoire a besoin d'une matière pour exister pleinement, le récit n'est tel que dans la mesure où il raconte une histoire.

Enfin, la narration désigne non pas un objet, mais, selon Gérard Genette (et à sa suite, Marc Vernet), « l'acte narratif producteur et, par extension, l'ensemble de la situation réelle ou fictive dans laquelle elle prend place »[2]. Elle se manifeste à chaque fois qu'un élément du film vient nous signifier que l'histoire nous est racontée par une instance qui la prend en charge et en assume la « responsabilité ». Elle nous rappelle que l'histoire ne se raconte pas d'elle-même. Elle n'est donc analysable qu'en fonction de traces laissées dans le récit.

Des trois entités ici définies, la seule vraiment tangible et qui s'offre directement à l'analyse est le récit, l'histoire et la narration n'existant que par son intermédiaire : l'histoire est l'objet du récit, la narration y laisse des traces, marques ou indices. Histoire et narration sont donc pour ainsi dire produites par le récit et ne peuvent être appréhendées qu'à travers lui. Nous retrouvons ces

---

1. Voir *Esthétique du film*, p. 80-82, *Lectures du film*, p. 74-77.
2. Voir *Figures III*, *op. cit.*, p. 72.

éléments dans la célèbre définition du récit proposée par Christian Metz : « Discours clos venant irréaliser une séquence temporelle d'événements[1]. » Le récit est un *discours* car il est assumé par une instance. Il est *clos* car il a un début et une fin. Il a un effet *irréalisant* car le fait même de raconter, y compris de façon réaliste un événement réel, marque une distance entre cet événement et le récit qui en est fait. Il irréalise une *séquence temporelle*, doublement temporelle car le temps du récit (par exemple la durée du film) se superpose au temps de l'histoire (qui peut s'étaler sur des années), une séquence temporelle d'*événements* qui forment l'histoire.

2. L'énonciation

La notion de narration est proche de celle d'énonciation. Pour Christian Metz, la seconde, de portée plus générale, s'applique à tout type d'énoncé, y compris les énoncés non narratifs, la première étant quant à elle réservée aux seuls films narratifs. Mais dès lors que la réflexion porte sur le cinéma narratif, Metz confond les deux notions, ne disposant plus alors de critère théorique pour les distinguer. « Quand un film est narratif, tout en lui devient narratif, même le grain de la pellicule ou le timbre des voix »[2]. La narration ainsi conçue n'est qu'une modalité de l'énonciation, c'est l'énonciation narrative. C'est pourquoi l'analyse narrative gagnera à s'enrichir de la réflexion sur l'énonciation.

Dès le titre de son livre : *L'Énonciation impersonnelle ou le site du film*, Christian Metz formule l'hypothèse théorique qui sera au fondement de l'ouvrage, hypothèse selon laquelle l'énonciation filmique est impersonnelle, non anthropomorphe et ne saurait se calquer sur l'énonciation conversationnelle. Dans les premières pages du livre, l'auteur montre comment nous avons tendance à

---

1. Christian Metz, « Remarques pour une phénoménologie du narratif », in *Essais sur la signification au cinéma*, Paris, Klincksieck, 1968.
2. Christian Metz, *L'Énonciation impersonnelle ou le site du film*, Paris, Méridiens Klincksieck, 1991 ; sur cette question, voir p. 183-189.

placer en amont et en aval du film des instances auxquelles nous attribuons plus ou moins explicitement une forme humaine ; ces instances renvoient, d'une manière plus ou moins avouée, à l'auteur et au spectateur. Cela pourrait expliquer qu'on ait tenté de transposer dans le domaine filmique le dispositif énonciatif de l'échange verbal. C'est cette direction qu'emprunte Francesco Casetti pour qui l'énonciation filmique met en scène un « Je », un « Tu » et un « Il » correspondant respectivement à l'énonciateur, l'énonciataire et l'énoncé[1]. Or, Metz rappelle que le film, comme le roman d'ailleurs, sont « des discours préparés à l'avance et immuables »[2] dans lesquels les pôles énonciatifs ne sont nullement interchangeables : le « Je » et le « Tu » ne sont pas réversibles. Le film, le roman, sauf dans certains cas très particuliers d'objets interactifs, n'admettent aucun dialogue entre la source et la cible de l'énonciation.

Pour ces raisons, Metz conçoit « un appareil énonciatif qui [n'est] pas essentiellement déictique (et donc anthropomorphe), pas personnel (comme les pronoms que l'on appelle ainsi), et qui n'imite pas de trop près tel ou tel dispositif linguistique »[3]. Pour cela, l'auteur propose tout d'abord de remplacer les termes « énonciateur » et « énonciataire » dont les suffixes évoquent des sujets anthropomorphes, par « source ou foyer de l'énonciation » et « cible ou visée de l'énonciation », plus neutres. Ensuite, il montre que, si l'énonciation n'est pas principalement repérable à travers les déictiques, elle l'est « par des constructions réflexives ». C'est quand « le film nous parle de lui-même, ou du cinéma, ou de la position du spectateur »[4] qu'il dévoile les secrets de son dispositif énonciatif. L'énoncé se « dédouble », se « replie sur lui-même » et parle de la situation de sa production. Metz prend l'exemple des personnages d'un film qui, regardant à travers une fenêtre,

1. Francesco Casetti, *D'un regard l'autre. Le film et son spectateur*, Presses universitaires de Lyon, 1990.
2. Christian Metz, *op. cit.*
3. *Ibid.*
4. *Ibid.*

me rappellent à moi, spectateur, que je suis au cinéma, dans une position voisine, devant une « fenêtre » qui s'appelle l'écran[1]. Cela constitue une configuration énonciative. Le film dans le film ainsi que ses nombreuses déclinaisons constituent de la même façon des figures de réflexivité... Metz analyse ainsi dans son livre les grandes configurations énonciatives.

3. Narration, monstration, description

André Gaudreault conçoit deux modalités de narration. La première se déploie à l'intérieur du plan et se nomme « monstration »[2]. Elle consiste à montrer l'événement dans le présent de l'image (même s'il ne s'agit que d'un simulacre de présent), sur le mode de l'imitation, en amont de toute manipulation temporelle (le temps de l'action égalant le temps du récit). La seconde, considérée par l'auteur comme la narration proprement dite, transcende le plan, ouvre une brèche dans le continuum temporel et échappe ainsi au présent perpétuel de l'image animée. L'écart entre le temps du récit et le temps de l'histoire, ou au moins le soupçon d'un tel écart résultant du montage, introduit l'idée d'une manipulation et suppose par conséquent l'intervention d'une instance responsable de cette manipulation. Non que le plan isolé ne puisse être narratif, mais il l'est selon une modalité particulière, celle de la monstration. Une telle conception est un apport important pour la théorie du cinéma. Reste qu'elle accorde une confiance peut-être quelque peu excessive au plan. On pourrait par exemple se demander si l'absence de coupe garantit une parfaite coïncidence de l'événement décrit et de sa représentation. *La Corde* d'Alfred Hitchcock relate en 80 minutes toute une soirée et laisse supposer un écart entre le temps du récit et le temps de l'histoire indépendant du montage (les quelques raccords ne produisant *a priori*

---

1. *Op. cit.*, p. 21.
2. André Gaudreault, *Du littéraire au filmique*, 1988, réed. Armand Colin, 1998 ; André Gaudreault et François Jost, *Le Récit cinématographique*, Paris, Armand Colin, 2005 (2e éd.).

aucune ellipse temporelle), autrement dit une manipulation du temps à l'intérieur même du plan.

On l'aura compris, le terme de « monstration » n'est pas synonyme de « description » puisque la première est susceptible de raconter quand la seconde désigne précisément ce qui ne raconte pas. C'est toutefois l'occasion de préciser qu'au cinéma, description et narration ne s'excluent pas et peuvent cohabiter dans l'image. En effet, l'image filmique, du fait qu'elle se déploie dans l'espace, a tout le loisir de raconter en montrant ou en décrivant. À cet égard, on notera la progression dans la séquence d'ouverture de *Fenêtre sur cour* évoquée plus haut. Par deux fois, la caméra explore la cour. La première fois, elle effectue un mouvement ininterrompu sur le décor dans un geste purement descriptif. La seconde fois, elle observe de courtes pauses qui lui permettent, tout en poursuivant son entreprise de description, d'isoler les personnages et d'amorcer une série de mini-récits, pour l'instant sans dialogues. Mais chaque récit en germe a en réalité pour vocation de présenter les personnages à travers ses actions rituelles du matin (le musicien se rase en écoutant la radio, la danseuse fait ses échauffements en préparant son café...). Nous sommes donc ici dans un registre à mi-chemin de la description et de la narration, un peu moins descriptif que dans le plan précédent, mais pas aussi narratif que dans la séquence suivante. Cette ouverture se présente comme une sorte d'entrée tout en douceur dans le récit.

4. Narrateur(s) et instance narratrice

L'instance narratrice fondamentale peut déléguer ses pouvoirs à un ou plusieurs narrateurs responsables de la totalité ou d'une partie du récit. Ce narrateur délégué peut prendre plusieurs formes :

1. Il peut être extradiégétique et sera assimilé à un « commentateur extérieur » (Christian Metz). Il apparaît alors sous forme d'une voix identifiable ou non[1] (exemple : la voix off que le

---

1. *Ibid.*, p. 53.

générique du *Plaisir* présente comme celle de Maupassant ou encore celle, totalement anonyme, du narrateur de *La Jetée* de Chris Marker).

2. Il peut se situer à la lisière de la diégèse, c'est-à-dire appartenir à l'environnement diégétique sans toutefois intervenir directement dans le déroulement de l'histoire. Christian Metz prend l'exemple de *The Magnificent Amberson*, où la voix du commentaire peut être tenue pour celle d'un voisin, d'un habitant de la ville, d'un observateur extérieur à l'action mais faisant partie de l'univers diégétique. Metz qualifie cette voix de « péridiégétique »[1].

3. Enfin, le narrateur fondamental peut déléguer ses pouvoirs à un ou plusieurs personnages. Le récit est alors en focalisation interne :

– Dans *Le jour se lève*, trois longs flash-back sont introduits par des fondus enchaînés qu'une musique caractéristique vient appuyer : ce sont ses propres souvenirs que François se remémore et prend en charge en tant que narrateur. Notons que le carton écrit qui précède le générique (« Un homme a tué... Enfermé, assiégé dans une chambre, il évoque les circonstances qui ont fait de lui un meurtrier ») pose d'emblée François en narrateur délégué. La formule : « il évoque » indique non seulement que le personnage se souvient, mais aussi que le récit est adressé. Pas de voix d'accompagnement (si ce n'est le « Et cependant hier encore, souviens-toi » qui annonce le premier flash-back), et pourtant chaque fois un débrayage (opération par laquelle on passe du récit premier au récit second, ici, celui de François) attribue sans ambiguïté possible le récit à François, grâce à l'association d'un travelling avant et de l'intervention d'une musique.

– Autre cas : celui où le personnage narrateur, doté d'une voix, s'exprime à la première personne, d'où l'expression de « voix-Je », proposée par Michel Chion et reprise par Christian

---

1. *Ibid.*, p. 55.

Metz. Ce dernier qualifie cette voix de « juxtadiégétique » : « Le personnage est diégétique, mais la voix, comme voix, ne l'est pas tout à fait car on ne montre pas le narrateur dans l'acte de raconter. [...] Cette voix [...] permet à un personnage de la diégèse d'en sortir tout en y restant[1]. »

Ces sous-récits de personnages ont un caractère subjectif. Les premiers montrent et racontent ce à quoi pense le personnage. Les seconds aussi, en rendant le personnage plus « actif » dans l'acte narratif, au moyen de cette voix qui, selon Christian Metz toujours, possède une « fonction d'adresse (indirecte) » au spectateur[2]. Dans les deux cas, il s'agit d'une *focalisation mentale*.

La voix intérieure incarne une autre forme de focalisation mentale : cette voix fait entendre les pensées du personnage. Ainsi, dans *La Nuit américaine*, Ferrand (François Truffaut) aux prises avec le producteur qui lui confirme l'impossibilité d'obtenir une rallonge de budget, pense aux conséquences. Au moment où le producteur s'éloigne, on entend les pensées inquiètes de Ferrand, au moyen d'une voix intérieure. Le contenu des paroles est diégétique, non la voix en tant que matière sonore. Le fait que le personnage soit seul, dans la diégèse, à avoir accès à cet énoncé (qu'il produit) confère à celui-ci un caractère subjectif.

À la focalisation mentale, Christian Metz oppose :

– la focalisation visuelle (nommée « ocularisation » par François Jost[3]) ;

– la focalisation auditive[4] (appelée « auricularisation » par Jost[5] »).

---

1. *Ibid*, p. 142.

2. *Ibid*, voir p. 146.

3. François Jost, *L'Œil-caméra. Entre film et roman*, Lyon, Presses universitaires de Lyon, 1987 (2e éd.).

4. *Ibid.*, voir p. 115.

5. François Jost, *op. cit.*

ENCADRÉ 2 : POUR LA DESCRIPTION ET L'ANALYSE DES RELATIONS ENTRE SONS ET IMAGES

1. Trois matières de l'expression sonore au cinéma

– les paroles
– les bruits
– les musiques

2. Trois types de rapports entre le son et l'image (d'après Michel Chion, *Le Son au cinéma*, Éd. de l'Étoile, 1985)

– son *in* : la source du son (parole, bruit ou musique) est visible à l'écran ; son *synchrone*.

– son *hors champ* : la source du son n'est pas visible à l'image, mais peut être imaginairement située dans l'espace-temps de la fiction montrée ; son diégétique (diégèse : désigne l'univers de la fiction, le « monde » montré et suggéré par le film).

– son *off* : émane d'une source invisible située dans un autre espace-temps que celui qui est représenté à l'écran ; son extra-diégétique ou hétéro-diégétique.

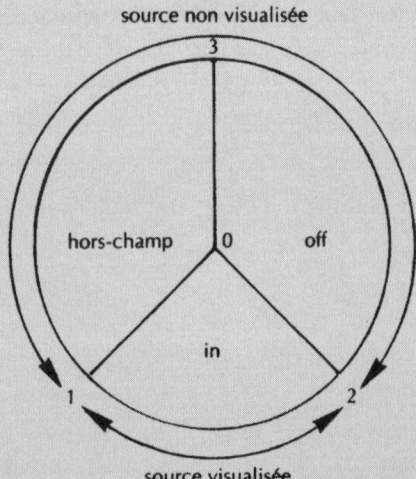

Les lignes 0-1/0-2/0-3 représentent les frontières entre les zones, frontières qui peuvent être franchies : un son « hors champ » peut devenir « *in* », et réciproquement, un son « *off* » peut s'avérer « hors champ », devenir « *in* », etc.

3. L'enregistrement des sons

– prise de son directe au moment du tournage ;
– post-synchronisation, en studio ;
– possibilité de « mixage » des sons, en studio, combinant ou non les deux formules et réalisant, en outre, des combinaisons variables de sons et d'images : *synchronisme* (son synchronisé avec l'image) ; *non-synchronisme* ou *asynchronisme* (non-correspondance, totale ou partielle, entre sons et images) ; *décalages* et *chevauchements* (retards ou anticipations des unes sur les autres) ; *contrepoint*, etc.

4. L'écriture et l'enregistrement des dialogues

– non écrits, improvisés ou semi-improvisés et enregistrés en direct ;
– écrits, appris, enregistrés en direct ;
– écrits, post-synchronisés ;
– doublés.

ENCADRÉ 3 : POINT DE VUE ET POINT D'ÉCOUTE

I. Au cinéma, l'expression *point de vue* peut être entendue de trois façons :

– Point de vue au sens strictement *visuel* : D'où voit-on ce que l'on voit ? D'où est prise l'image ? Où la caméra est-elle placée ?
– Point de vue au sens *narratif* : Qui raconte l'histoire ? Du point de vue de qui l'histoire est-elle racontée ? Ce point de vue est-il repérable ou non ?
Les deux ordres de question se combinent lorsqu'on se demande : Qui voit ? Le point de vue (visuel) est-il celui d'un personnage (image dite parfois « subjective ») ou d'un narrateur extérieur à l'histoire ? L'image est-elle attribuable à un personnage ou au film ?
– Point de vue au sens *idéologique* : Quel est le point de vue (l'opinion, le « regard ») du film (de l'auteur) sur les personnages, l'histoire racontée ? Comment se manifeste-t-il ?

2. Le *point d'écoute* pose un peu le même ordre de problèmes, transposés à l'audition :

– D'où entend-on ce qu'on entend ? Le point d'écoute est-il cohérent avec le point de vue (visuel) ? Y a-t-il dissociation des deux points ?

– Qui écoute ? Qui entend ? Le spectateur et le(s) personnage(s) entendent-ils la même chose ?

Distinguer des sons « objectifs » et des sons « subjectifs ».

Repérer les dissociations entre points de vue et points d'écoute (par ex., entre point de vue extérieur, objectif, et point d'écoute intérieur, subjectif).

Voir :

Jacques AUMONT, « Le point de vue », in *Communications* n° 38, Seuil, 1983.

Michel CHION, *L'Audiovision*, Nathan-Université, 1991.

3 ANALYSER/INTERPRÉTER

Le choix d'un axe d'analyse implique une posture spécifique. Celle-ci peut être définie *a priori*, à partir par exemple des centres d'intérêt de l'analyse ou de la commande qui lui est faite. Ou fortement déterminée par le film, son genre, sa forme, son style.

1. L'approche esthétique

Dominique Chateau, dans *Esthétique du cinéma*[1], ne dénombre pas moins de douze sens possibles du terme « esthétique ». Ce n'est pas l'objet ici de redéfinir l'esthétique du cinéma d'autant que ces nombreuses acceptions n'ont pas toutes partie liée avec l'analyse. Il s'agit plutôt d'entrevoir en quoi l'approche esthétique peut se distinguer de l'approche narrative.

« Pratiquer esthétiquement signifie avoir un commerce répété avec certaines sortes d'objets dont on attend qu'ils nous procurent du plaisir ; pratiquer c'est donc aussi exercer son sens du goût, l'aiguiser, l'affiner »[2]. « Le frisson d'aise qui nous parcourt en entendant une musique, l'éblouissement de nos yeux devant un paysage splendide, notre gorge qui se noue à l'occasion d'une séquence filmique virtuose ou touchante, de même que, au contraire, le haut-le-cœur devant un spectacle que nous trouvons répugnant, signalent que l'esthétique ressortit à ce registre de l'immédiation

---

1. Paris, Armand Colin, coll. 128, 2006, p. 7.
2. *Ibid.*, p. 105.

de l'affectif qui a trait au plaisir et au déplaisir, en tant qu'ils manifestent la part non-cognitive de nos expériences esthétiques. »[1]

On comprend à la lecture de ces propos que l'approche esthétique engage autant le spectateur que l'œuvre considérée. On comprend l'importance du plaisir (et du déplaisir), de l'intuition, de la réaction émotionnelle dans l'expérience esthétique, susceptibles de déterminer pleinement l'analyse. L'analyse esthétique désigne donc d'abord une attitude perceptive, une manière de recevoir l'œuvre qui ne s'en remet pas, ou pas seulement à un savoir.

Si, à l'inverse, les études narratives se sont davantage intéressées à la mécanique narrative, ce n'est pas, on s'en doute, que les récits eux-mêmes soient étrangers au domaine des affects, des émotions, du plaisir ou du déplaisir. Bien au contraire, ils contiennent et produisent tout cela mieux que n'importe quel objet d'analyse[2] et en un sens constituent peut-être potentiellement un terrain de prédilection pour l'esthétique. Comment expliquer alors qu'une « esthétique du récit filmique » n'ait pas encore vu officiellement le jour ? L'une des raisons (pas la seule) est à chercher du côté de la taille des objets : l'esthétique, héritière d'une philosophie et d'une l'histoire de l'art bien antérieures à la naissance du cinéma et à l'avènement du film narratif de long métrage, a eu comme réflexe, lorsqu'elle s'est frottée au cinéma, de l'appréhender par ces petites unités que sont les images, objets tangibles et surtout circonscriptibles qui se laissent approcher par les sens de la vue et de l'ouïe (quand la narratologie, héritière de la théorie littéraire, a pris en charge le film entier, construction cognitive très élaborée que les sens, seuls, ne suffisent pas à cerner).

Si l'esthétique s'occupe de façon privilégiée des images[3], elle s'occupe aussi bien sûr des liens que les images tissent les unes

---

1. *Ibid.*, p. 99-100.

2. Voir Francis Vanoye, *L'Emprise du cinéma*, Lyon, Éditions Aléas, 2005.

3. À cet égard, on remarquera par exemple à quel point l'ouvrage de Jacques Aumont, *À quoi pensent les films* (*op. cit.*), fait un usage beaucoup plus considérable du mot « image » que du mot « film » (sauf dans son titre). C'est que pour l'auteur, l'analyse de film se confond naturellement avec l'analyse des images de films.

avec les autres, ce qui conduit souvent à de vraies analyses de films, mais aussi parfois à des analyses de corpus hétérogènes qui mêlent certaines images prélevées dans des films, des photographies, des tableaux, des cartes de géographies, etc.

2. Les limites de l'interprétation

Nous l'avons déjà signalé, d'autres l'ont dit avant nous[1] : décrire un film, le raconter, c'est déjà l'interpréter puisque c'est, d'une certaine manière, le reconstruire (voire le déconstruire ?). Mais Umberto Eco nous rappelle qu'il est peut-être utile de fixer des limites à l'interprétation[2], et nous nous inspirerons de ses réflexions pour indiquer d'abord un cadre à cette problématique.

Nous retiendrons trois distinctions proposées par Eco, utiles à méditer en tant que candidat à l'analyse de film.

Interprétation sémantique/Interprétation critique : ces deux types d'activité distinguent le lecteur de l'analyste. L'interprétation *sémantique* renvoie en effet aux processus par lesquels le lecteur donne du sens à ce qu'il lit ou à ce qu'il voit et entend s'il s'agit d'un film.

L'interprétation *critique* renvoie, quant à elle (selon Eco), à l'attitude de l'analyste étudiant pourquoi et comment, sur le plan de son organisation structurelle par exemple, le texte (littéraire ou filmique) produit du sens (ou des interprétations sémantiques). Autrement dit, l'interprétation critique (le mot *critique* ne comporte pas, ici, de connotation évaluative, il n'a rien, ou peu, à voir avec la critique) s'intéresse au sens *et* à la production du sens[3], elle tente d'établir des connexions entre ce qui s'exprime et le « comment cela s'exprime », connexions toujours conjecturales, hypothèses demandant sans cesse à être vérifiées par le retour au texte.

---

1. Jacques Aumont, Michel Marie, *L'Analyse des films*, Paris, Nathan-Université, 1988 ; réed. Armand Colin, 2015.

2. Umberto Eco, *Les Limites de l'interprétation*, Paris, Grasset, 1990-1992 (pour la traduction).

3. Voir Roger Odin, *Cinéma et Production de sens*, Paris, Armand Colin, 1991.

Interpréter/Utiliser : le texte, le film peuvent être en effet *utilisés* par l'analyste, plutôt qu'interprétés. Entendons par là que je peux me servir d'un film pour écrire la biographie d'un acteur ou d'un réalisateur, ou pour brosser le tableau d'une société, ou encore pour décrire les contours d'un mouvement esthétique (voir « Analyse de films et histoire des formes cinématographiques »). Dans ce cas, je tire des informations partielles, isolées du film pour les mettre en relation avec des informations extra-textuelles (biographiques, sociologiques ou historiques, esthétiques) afin de construire mon histoire, ma description, ma thèse. Cette utilisation n'est pas nécessairement fautive (si elle repose sur une analyse réelle du texte ou du film, et non sur le prélèvement arbitraire d'éléments destinés à vérifier une hypothèse), mais elle ne rend pas compte (ce n'est d'ailleurs pas son objectif) de l'ensemble du texte. En d'autres termes, l'utilisation du texte procède plus de ce que veut dire l'analyste que de ce que dit le texte. Et ce dernier point nous conduit évidemment à la question cruciale : d'où vient le sens produit dans et par l'analyse ?

Texte/Auteur/Lecteur : l'histoire de la critique est remplie de polémiques suscitées par cette question. De manière très schématique, les trois positions extrêmes suivantes peuvent être distinguées :

– le sens vient de l'auteur, de son projet, de ses intentions : analyser un texte, c'est donc reconstituer ce que l'auteur voulait exprimer ;

– le sens vient du texte : celui-ci présente une cohérence interne, non nécessairement conforme aux intentions explicites de son auteur. Il faut donc dégager cette cohérence, indépendamment de tout *a priori* venant du dehors du texte ;

– le sens vient du lecteur, de l'analyste : c'est lui qui découvre dans le texte des significations se référant à ses propres systèmes de compréhension, de valeurs et d'affects.

Tout le monde s'accorde aujourd'hui à postuler qu'un texte autorise une pluralité d'interprétations. Mais il est sans doute important de savoir si la diversité de ces interprétations est voulue, prévue par l'auteur (qui aurait délibérément conçu une œuvre « ouverte », ambiguë ou symbolique), produite par un texte que son fonctionnement interne ouvre sur diverses approches (sans que l'auteur l'ait consciemment élaboré comme tel) ou engendrée par l'activité interprétative du lecteur projetant ses grilles, obsessions et désirs sur n'importe quel objet d'analyse.

On se doute bien que les sens dégagés par l'analyse d'un film ont des origines mixtes, la plupart du temps. Umberto Eco défend néanmoins le recours au « sens littéral[1] », c'est-à-dire à ce qui est effectivement exprimé dans le texte, à l'« intention de l'œuvre » en somme, comme moyen de fonder la liberté interprétative sur des vérifications, des validations aussi concrètes que possible. L'intention de l'auteur et celle du lecteur constituent des conjectures, des propositions quant à ce que dit l'œuvre : reste à examiner dans quelle mesure l'œuvre, dans et par sa cohérence propre, approuve, désapprouve ces conjectures ou en indique d'autres.

3. Analyse et interprétation sociohistorique

Un film est un produit culturel inscrit dans un contexte sociohistorique donné. Même si le cinéma jouit d'une relative autonomie en tant qu'art (par rapport à d'autres produits culturels comme la télévision ou la presse), les films ne sauraient être isolés des autres secteurs d'activité de la société qui les produit (qu'il s'agisse de l'économie, de la politique, des sciences et des techniques ou, bien entendu, des autres arts).

Pour comprendre pleinement la production cinématographique d'une période donnée dans un pays donné, il faut se faire économiste, historien (des institutions, des techniques, des arts, etc.), sociologue, et j'en passe.

Repartons donc du film. Au sens où l'entend Umberto Eco, on peut utiliser un film en vue de l'analyse d'une société. Marc Ferro[2]

---

1. *Op. cit.*, p. 33.
2. *Analyses de films, analyse de sociétés*, Paris, Hachette, 1976.

a naguère indiqué les limites de cette utilisation. Notre propos sera plutôt d'interroger le film en tant qu'il offre un ensemble de représentations renvoyant directement ou indirectement à la société réelle où il s'inscrit. L'hypothèse directrice d'une interprétation sociohistorique est qu'un film « parle » toujours du présent (ou « dit » toujours quelque chose du présent, de l'ici et maintenant de son contexte de production). Le fait qu'il soit un film historique ou de science-fiction ne change rien à l'affaire. On peut observer, par exemple, que les *Liaisons dangereuses* de Laclos ont fait l'objet d'une adaptation française en 1960 (Roger Vailland/Vadim), début de la « libération sexuelle », et de deux adaptations à la fin des années 1980 (Stephen Frears, 1988 ; Milos Forman, 1989), époque de mise en crise de la libération sexuelle. Quant aux extraterrestres, ils sont le plus souvent porteurs des craintes et des espoirs de la société qui les imagine : dangereux envahisseurs aux temps de la guerre froide (*L'Invasion des profanateurs de sépulture*, 1956), gentils messagers mettant en garde les humains contre leurs excès d'aujourd'hui, chez Spielberg ou Cameron (*Rencontres du troisième type*, 1977 ; *Abyss*, 1989).

Avec le recul des années, les reconstitutions historiques réputées les plus exactes, les projections futuristes les plus hardies portent la marque évidente de leur contexte de production, phénomène d'autant plus fort au cinéma que celui-ci est tributaire d'une technologie lourde et complexe : appareils d'enregistrement (caméras, prise de son) ; pellicules, techniques de montage, de mixage, de projection ; éclairages, travail en studio ou en extérieurs ; maquillages ; jeux des acteurs, etc. Ce qu'on voit aujourd'hui dans *Orange mécanique* est bien une représentation de l'Angleterre du futur par l'Angleterre de 1971, dans *Valmont* une représentation du XVIIIe siècle français par les États-Unis de 1989 (façons de parler, de se maquiller, de bouger, d'entrer en contact ; rapports sociaux, marginalité et intégration sociale, entre autres choses).

Dans un film, quel que soit son projet (décrire, distraire, critiquer, dénoncer, militer), la société n'est pas à proprement *montrée*, elle est mise en scène. En d'autres termes, le film opère des choix, organise des éléments entre eux, découpe dans le réel et dans l'imaginaire, construit un monde possible qui entretient avec le monde réel des relations complexes : il peut en être en partie le reflet, mais il peut aussi en être le refus (en occultant des aspects importants du monde réel, en idéalisant, en amplifiant certains défauts, en proposant un « contre-monde », etc.). Reflet ou refus, le film constitue un *point de vue* sur tel ou tel aspect du monde qui lui est contemporain. Il structure la représentation de la société en spectacle, en drame (au sens général du terme), et c'est cette structuration qui fait l'objet des soins de l'analyste. Elle apparaît, si l'on suit les propositions de Pierre Sorlin[1], en mettant en évidence :

– les systèmes de rôles fictionnels et de rôles sociaux, les schèmes culturels identifiant des « places » dans la société (exemples : les bons soldats et les méchants Indiens, qui deviennent les bons Indiens et les méchants soldats dans *Danse avec les loups* ; la femme « fatale » et la femme « bénéfique », etc.) ;

– les types de luttes ou de défis décrits dans les scénarios, les rôles ou les groupes sociaux impliqués dans ces actions (exemples : l'équipage et les officiers, la population d'Odessa et les soldats tsaristes dans *Le Cuirassé Potemkine* ; les ambitions individuelles dans *Wall Street* d'Oliver Stone, 1987, ou *Working Girl* de Mike Nichols, 1988) ;

– la façon dont l'organisation sociale, les hiérarchies, les rapports sociaux apparaissent ;

– la manière plus ou moins sélective de percevoir et de donner à percevoir des lieux, des faits, des événements, des types sociaux, des relations (par exemple la campagne, les paysans et les activités rurales dans *Jeux interdits* de René Clément ; Paris dans *À bout de souffle* de Jean-Luc Godard ; la collaboration dans *Rome, ville ouverte* de Rossellini, le milieu de la finance dans *Margin Call* de J. C. Chandor, 2011) ;

---

1. Pierre Sorlin, *Sociologie du cinéma*, Paris, Aubier-Montaigne, 1977, réed. 1992.

— la manière de concevoir le temps (individuel, historique, social) ;

— ce qu'on sollicite de la part du spectateur : identifications, sympathie, émotion à l'égard de tel rôle ou tel groupe social ou telle action, rejet à l'égard de tels autres ; réflexion ; action ; etc.

Un film comme *Le Grand Jeu* (Jacques Feyder, 1934) montre un fils de bonne famille commettant des détournements de fonds pour entretenir sa maîtresse. Sa famille le somme de disparaître pour échapper au déshonneur de la prison. Il s'engage dans la Légion. Il croira retrouver sa maîtresse sous les traits d'une prostituée.

Aucune référence précise n'est faite au lieu géographique et à l'histoire. Une guerre se déroule bien avec les indigènes (s'agit-il de la fin de la pacification du Maroc, de la guerre du Rif ?), mais on ne voit jamais l'ennemi. Du lieu, on perçoit une casbah labyrinthique, un cabaret microcosme, quelques plans du bled où les corps des soldats se perdent, la caserne, décors qui s'opposent aux demeures parisiennes luxueuses. Les personnages n'évoquent jamais la situation historique ou politique. D'ailleurs, la Légion est d'emblée située comme le lieu de *l'oubli* (on ne doit pas y évoquer le passé, toujours douteux, de ses recrues) et de la désappropriation (on y perd son identité, on n'y est plus qu'un soldat soumis aux ordres de ses supérieurs).

On pourrait donc être tenté de voir dans *Le Grand Jeu* un mélodrame tendant à évacuer la question coloniale et à entretenir la nostalgie des décors exotiques. Cependant, le film de Feyder en dit peut-être plus qu'il n'en a l'air :

— sur les relations entre la France et ses colonies (dans l'opposition entre un Paris hautain, affairiste, et un Maroc constitué de laissés-pour-compte et d'indigènes sans visage) ;

— sur ce que devient un Français dans le bled : une loque (le cabaretier), un soldat automatique (Pierre Larquey), un joueur, une prostituée ; autant de gens qui perdent leur identité (le motif pirandellien du double est à cet égard intéressant) ;

– sur le caractère invisible, mystérieux, inatteignable de l'« autre », de l'indigène, à jamais soustrait à quelque influence que ce soit.

Pas de discours direct, donc, mais un pessimisme latent, profond, à l'égard des valeurs et des effets du colonialisme. En 1934, un cinéaste français reconnu ne saurait être aussi explicite que, disons, Rachid Bouchareb dans *Indigènes* en 2006.

Une analyse approfondie conduirait à combiner l'étude des facteurs internes au film (scénario, aspects formels) à des informations externes sur les conditions de production, le projet (le cinéma soviétique des années 1920, certains films français de la période du Front populaire, le cinéma américain des années 1940, par exemple, se fixent des objectifs d'ordre sociopolitique : exalter la Révolution, décrire et expliquer la société de l'époque, encourager la participation à l'effort de guerre), le contexte sociohistorique de diffusion. Assorti ou non d'un projet délibéré (mais le produit final n'est pas nécessairement en complète concordance avec le projet initial), le film remplit une fonction dans la société qui le produit : il témoigne du réel, tente d'agir sur les représentations et mentalités, régule les tensions ou les fait oublier.

Il est deux pièges (au moins !) dans lesquels l'analyste doit se garder de tomber. En premier lieu, celui qui consiste à confondre certaines formes cinématographiques avec certaines fonctions. C'est ainsi que le documentaire, l'actualité, le reportage présentent des caractéristiques formelles repérables (et qui sont attribuables aux conditions du tournage en direct), qui les opposent au cinéma de fiction, et notamment à certains genres marqués : montage plus haché, cadrages approximatifs, mouvements d'appareils plus « sentis », prises de vues frontales, regards à la caméra, incidents visuels et sonores (passages dans le champ, ruptures d'échelle sonore, etc.), discontinuités visuelles, etc. Or ce cinéma, le « cinéma du réel », comme on le nomme parfois, remplit généralement une fonction de témoin du réel. Mais on sait que les caractéristiques formelles ci-dessus répertoriées : 1. peuvent être imitées, délibérément produites pour obtenir un « effet de réel » cinématographique, cette pratique existant depuis les débuts du cinéma (actualités reconstituées des années 1910 ; voir également le début de *Citizen Kane*) ; 2. Elles peuvent être mises au service d'un cinéma de fiction (voir l'utilisation du « direct » par un Éric Rohmer ou un John Cassavetes). Inversement, le travail en studio, la reconstitution fondée sur une esthétique plus classique, peuvent être mis au service d'un authentique projet réaliste. Quant à la fantaisie, elle ne laisse pas de dissimuler le plus souvent des intentions descriptives et critiques.

Le second piège consiste à « lire » dans un film toute la société et l'histoire du temps, présentes, passées et surtout à venir – combien d'analyses du *Cabinet du Dr Caligari* ou de *M* laissent entendre que leurs auteurs avaient prédit Hitler et le nazisme... Interprétation rétroactive qu'il convient de tempérer, et d'attribuer à l'intention de l'analyste bien plus qu'à celle de l'œuvre ou de l'auteur. À moins de se laisser porter par les pouvoirs supposés magiques du septième art : à ce moment, l'analyste risque fort de n'être plus qu'un cinéphile...

C'est donc encore et toujours le retour au film que nous préconisons, à la matérialité de son discours et à ses paramètres représentatifs.

4. Analyser un documentaire

Dans un documentaire de Dominique Dubosc, intitulé *Jean Rouch – Premier film : 1947-1991*, le cinéaste Jean Rouch raconte comment les premières images qu'il avait filmées avec une caméra 16 mm au Niger – images d'une chasse à l'hippopotame et des rituels qui l'accompagnent – furent reprises par les Actualités françaises pour un montage d'une dizaine de minutes, intitulé *Au pays des mages noirs* et agrémenté de musiques et d'un commentaire dit par un reporter sportif. Après l'avoir montré à ses invités, Rouch improvise, presque cinquante ans plus tard, un autre commentaire pour la fin du film, consacrée à la danse de possession. De ce remarquable petit film, nous pouvons tirer deux leçons quant à l'analyse du documentaire. La première renvoie à ce que Rouch lui-même considère comme la « leçon de cinéma » que lui auraient donnée les Actualités françaises : pour frapper les esprits, le film se terminait par le rituel de possession (qui pourtant précédait la chasse) parce que celui-ci contenait les images les plus dramatiques, les plus chargées émotionnellement. « Il faut monter par la fin », conclut Rouch. Par ailleurs, la confrontation entre les deux commentaires de la danse montre que la signification et la portée des images varient en fonction de la tonalité du discours et, bien entendu, des termes employés pour les décrire et les commenter. Ainsi le reporter des Actualités françaises, sur les images de la danse de possession, prononce, sur un ton dramatique, des termes tels que « la possédée », « hystérie », « épilepsie », « mousse blanchâtre », et qualifie les danseurs épuisés de « pareils à des cadavres », alors que Rouch, d'une voix neutre, énonce les phases du rituel de possession en nommant les divinités qui y sont convoquées et incarnées par les danseurs, en expliquant les gestes et attitudes plus ou moins brutales qui leur correspondent, décrit le processus d'entrée en « transe », explique le phénomène d'émulsion de salive pratiquée par l'un des hommes (« n'importe qui peut le faire ») ainsi que la fin du rituel, le passage par le sommeil ne laissant aucun souvenir de ce qui s'est passé la veille. Au discours dramatisant s'est substitué un discours savant.

De plus, ce que montrent très précisément les propos de Rouch est qu'un documentaire est bien une création, une construction élaborée à partir d'un stock d'images choisies, disposées selon un certain ordre et combinées avec des sons et des commentaires en fonction d'objectif(s) spécifique(s) : montrer, captiver, impressionner, décrire, émouvoir, enseigner, etc. Ces propos indiquent aussi que ces choix constituent un point de vue, plus ou moins explicite, sur ce qui est montré par les images. À cet égard le documentaire diffère assez peu de la fiction – et les effets de brouillage inaugurés par les actualités reconstituées au temps du cinéma muet ou par l'exemple célèbre du *Nanook of the North* de Flaherty

(1922) se prolongent aujourd'hui dans la vogue du « docu-fiction »
ou de la « fiction documentée ». Néanmoins, l'*a priori* concernant
tout documentaire stipule que les référents des images ont bien
été puisés, voire captés, dans le réel.

L'analyse du documentaire, à partir du moment où la conven-
tion plus ou moins explicite passée entre le film et son spectateur
est bien que l'on va avoir affaire à des images et, éventuellement,
à des propos (dialogues, interviews) « documentarisants », se
confronte aux questions suivantes :

— comment le spectateur est-il averti qu'il est devant un film de
  type documentaire : par des informations externes au film ?
  Sont-elles fiables ? Par des marques spécifiques internes au
  film (sons directs, grain de la photo, places et mouvements de
  la caméra, instabilité du cadre, mouvements des sujets filmés
  dans le cadre, regards à la caméra, commentaires off, présence
  manifeste des filmeurs, échanges entre champ et hors-champ,
  adresses verbales ou non verbales à la caméra, au spectateur) ?
  Toutes ces marques étant susceptibles de se muer en procédés
  destinés à mimer le style documentaire au sein d'une fiction
  (voir, entre autres exemples, *Redacted*, Brian de Palma, 2007).

— d'où viennent les images ? Sont-ce des images d'archives ? Des
  images tournées en direct ? Des images reconstituant une
  réalité passée, plus ou moins lointaine dans le temps ? Des
  images de synthèse ?

— peut-on établir une typologie des séquences : narratives,
  descriptives, argumentatives, poétiques, plastiques, dramatiques (étant entendu que ces caractéristiques peuvent se
  combiner) ? Dans un film donné, peut-on établir une hiérarchie
  quantitative ou qualitative de tel ou tel type de séquence ?

— peut-on, en fonction de ses contenus, des commentaires, des
  types d'images et de leur agencement, situer le film dans une
  typologie des documentaires telle qu'en propose, par exemple,
  Guy Gauthier dans *Le Documentaire, un autre cinéma*
  (Nathan, 1995) : films « de mémoire » (plongée dans le passé,

appel à témoins, recherche de traces : *Shoah*, Claude Lanzman, 1985), films de « la vie en direct » (saisie du présent, proximité plus ou moins grande du documentariste, engagé ou « distancié » : *Pour la suite du monde*, Brault et Perrault, 1963, *Délits flagrants*, Depardon, 1994), films ethnographiques ou naturalistes (posture scientifique : *La Chasse au lion à l'arc*, Jean Rouch, 1965), documentaire critique ou d'« interpellation » (engagement idéologique du documentariste, à la limite du film militant : *L'Heure des brasiers*, Fernando Solanas, 1968), essai documentaire (forte présence du moi de l'auteur : *Sans soleil*, Chris Marker, 1982).

Dans tous les cas, analyser un documentaire revient, d'une part, à se poser la question du degré d'authenticité des « documents » présentés (ce que l'analyste n'a pas toujours les moyens de vérifier complètement, il doit alors se contenter d'émettre des hypothèses) et, d'autre part, à interroger les « effets d'authenticité » produits par l'ensemble des dispositifs filmiques mis en place dans leur articulation avec d'autres effets et en fonction d'objectifs particuliers.

À titre d'exemple : brève analyse de *Nostalgie de la lumière*, film chilien de Patricio Guzman, 2010, 90 mn.

Les douze premiers plans du film sont, d'une certaine manière, à l'image de tout le film : ce sont d'abord onze très gros plans de rouages d'une machine en fonctionnement qu'on verra en totalité au douzième plan (suivi du titre du film) : il s'agit d'un télescope. De même le film est construit de morceaux, de pièces, de parties qui s'assemblent peu à peu pour ne donner qu'à la fin une perspective d'ensemble unifiante. Se succèdent les motifs suivants : le télescope du désert d'Atacama, images de la lune, les souvenirs d'enfance du cinéaste d'un Chili « havre de paix », la venue concomitante du télescope et de la révolution politique (années 67-70), Atacama devient une « terre damnée », la porte du Cosmos (symphonie d'images), la question des origines (dans le sol ? au-delà de la lumière ?), interview d'un astronome, qui s'adresse au filmeur, hors champ (l'observation des étoiles), interview d'un archéologue (les traces précolombiennes, le désert comme porte du passé lointain), le passé proche, caché (le XIXe siècle chilien), l'histoire récente du Chili (Allende, Pinochet, coup d'état de 1973), le camp de concentration de Pinochet, le témoignage de l'architecte historien, les nouveaux appareils d'observation, « oreilles » qui captent l'énergie du passé cosmique, la femme qui soigne les victimes de tortures, les femmes de Calama, qui « cherchent leurs morts » dans le désert (images, témoignages en direct), les charniers, le calcium (présent dans les étoiles et dans les os), les femmes qui cherchent depuis 28 ans des traces de leurs disparus, les corps célestes et les corps humains, les restes des hommes anciens, les restes non identifiés des victimes de la dictature, l'histoire de Valentina, le mur des photos jaunies des disparus, les femmes de Calama regardant le ciel au télescope. Le film se clôt sur les billes de l'enfance, temps de « l'innocence ». Cet inventaire ne donne qu'une faible idée de la succession et de l'entrelacement des motifs qui apparaissent, s'effacent, reparaissent, se font écho, au gré des images, des sons et des paroles. À plusieurs reprises, des poussières d'étoiles, en surimpression légère, raccordent l'espace cosmique à l'espace terrien, l'espace du passé à celui du présent. Le liant entre les motifs est assuré par la « voix-je » du réalisateur, relayé par diverses autres voix, in, hors champ ou off (celles de l'astronome, de l'archéologue, des femmes de Calama, de l'architecte historien, de Valentina, d'autres encore), le tout établissant, par le jeu des points de vue se complétant, des ponts entre histoires individuelles, Histoire du Chili et temps cosmique.

Le film de Guzman est composé d'une grande variété d'images :

– images tournées pour le film (natures mortes (intérieurs), paysages du désert d'Atacama, divers observatoires, femmes cherchant dans le désert, images du camp désert parcouru par l'architecte, sujets interviewés généralement filmés de face en plan rapproché ou de demi-ensemble, en intérieur ou en extérieur, images d'os, de crânes, scientifiques au travail, portrait filmé des grands parents de Valentina, le tout en couleur),

– images d'archives, plus ou moins anciennes, fixes ou mouvantes, en noir et blanc ou en couleurs (découvertes archéologiques, charniers de la dictature, images du camp, femmes de Calama dans les années 87, dessins de l'architecte reconstituant le camp, photos de Valentina enfant, de ses parents),

– images d'étoiles, de galaxies, en couleurs, le plus souvent des photos filmées, et donnant lieu à des compositions plastiques et sonores.

Et les types de discours ne sont pas moins variés : « voix-je » du souvenir d'enfance, autobiographique, mais aussi porteuse de pensées, notamment sur la mémoire et l'oubli, ou engagée dans la description critique des exactions de Pinochet ; voix du savoir des hommes de science, sur le passé cosmique, la préhistoire, l'histoire du Chili, la dictature, le calcium ; voix des témoins, des femmes, de l'architecte, de Valentina.

Un grand motif se dégage : la quête des traces du passé, jusqu'aux origines, alliée à la lutte contre l'oubli. Et ce motif se structure selon un schème d'ensemble tout aussi prégnant dans les paroles que dans l'agencement des images : le Haut et le Bas, le ciel et la terre, les « regards » du télescope dirigés vers le cosmos, les regards des femmes de Calama fixés vers les sables et les cailloux du désert, la quête des astronomes et les fouilles des archéologues, la découverte de nouvelles galaxies, l'écoute des messages de la lumière et la mise à jour de sépultures anciennes, de charniers récents, de fragments de squelettes des disparus. Les quêtes individuelles (souvenirs d'enfance du cinéaste, mémoire de l'architecte quant à son passage par le camp de concentration, récits de la femme de Calama ou de Valentina) sont connectées aux quêtes historiques et aux quêtes cosmiques. C'est presqu'exactement en son milieu (45-47 mn) que le film bascule résolument vers le motif des femmes de Calama et de la lutte contre l'oubli.

Le film est-il monté « par la fin », ainsi que le préconisait Jean Rouch ? Oui, si l'on considère que c'est juste avant l'épilogue que Guzman nous livre l'histoire et le témoignage de Valentina, histoire particulièrement déchirante puisqu'elle rapporte comment les grands-parents de la jeune femme furent contraints de dénoncer ses parents pour la sauver quand elle était toute petite. Valentina délivre, après ce récit, un message d'espoir et de confiance en la vie particulièrement émouvant. Reste l'épilogue réunissant les deux regards – les femmes de Calama invitées à contempler le ciel avec le télescope – et les deux espaces-temps – les billes de l'enfance, telles les planètes, contenant tout le secret de l'univers.

Nostalgie de la lumière est donc une œuvre complexe, composite, à la fois essai autobiographique, documentaire sur les observatoires d'Atacama et sur l'observation des étoiles, documentaire ethnographique sur l'ère précolombienne du Chili, documentaire historique et engagé sur le Chili moderne (le XIXe siècle, Allende, Pinochet), reportage en direct sur les astronomes, les femmes de Calama, essai poétique structuré par l'entrelacement des motifs et les compositions plastiques et sonores. Nous savons qu'au sens premier la nostalgie est le regret du pays natal. Nous savons aussi que le pays natal, pour chacun de nous, c'est l'enfance. C'est ainsi que par la grâce d'un documentaire, Patricio Guzman fait retour sur son enfance, sur son pays et sur les origines du monde.

5. Analyse et interprétation symbolique

Trois classes de films pourraient être grossièrement distinguées quant à la production de significations symboliques.

Tout d'abord, les films qui requièrent délibérément de la part du spectateur, **une « lecture » symbolique globale ou partielle.** Entendons, par lecture symbolique, une interprétation qui ne saurait s'arrêter au sens littéral (par exemple : ceci est une femme ou un homme vêtu de noir ; ceci est une roulette), mais situe d'emblée ce qui est dit et montré en relation avec un « autre » sens (ce personnage est la Mort : voir *Orphée* de Jean Cocteau, *Le Septième Sceau* d'Ingmar Bergman, etc. ; cette roulette est un élément de comparaison ; voir *La Ligne générale* d'Eisenstein, cité au chapitre : « Analyse de films et histoire des formes cinématographiques »). Cette lecture symbolique est en général sollicitée par le fait que l'univers diégétique, le « monde possible » construit par le film, est fortement éloigné de tout monde réel passé, présent ou imaginable, ou bien, s'il apparaît comme un monde « plausible », est traversé d'éléments hétérogènes venant rompre la cohérence réaliste (la roulette dans la scène de l'écrémeuse, le monolithe dans l'ouverture « préhistorique » de *2001, l'odyssée de l'espace*). L'approche symbolique de tels films peut d'ailleurs être commandée par des références culturelles explicites (intituler un film *Orphée, Le Septième Sceau, L'Odyssée de l'espace*, c'est déjà le situer dans un « horizon symbolique » en référence à des textes mythiques fondateurs). Elle procède de toute manière de l'intention de l'auteur et de celle du texte, quelles que soient les visées (idéologiques, politiques, spirituelles, poétiques) du fonctionnement symbolique, visées que l'analyse se devra de définir et d'apprécier.

L'un des aspects non négligeables de l'impact de ce type de films concerne la saisie des éléments symboliques : de même que certaines œuvres picturales des siècles passés, délibérément chargées d'éléments symboliques, ne nous sont compréhensibles aujourd'hui que très partiellement, de même la symbolique, le système métaphorique propres à certains films, requièrent-ils une culture spécifique pour être pleinement appréhendés (voir l'analyse d'*Andreï Roublev* de Tarkovski par Guy Gauthier[1]). Il s'agit chaque fois d'une sorte de code, d'un ensemble de signes situés dans des contextes socioculturels particuliers.

Une deuxième classe de films (la frontière avec la première classe est loin d'être nette, bien entendu) serait constituée d'œuvres qui, tout en demeurant globalement dans une tonalité « réaliste », tout en construisant un monde plausible et en rendant possible une lecture littérale de l'histoire, opèrent **un traitement particulier du matériau narratif et filmique.** Ces films, par exemple, ne se préoccupent pas rigoureusement de la cohérence et de la vraisemblance ; ils ne se centrent pas sur un enchaînement plein, motivé, continu, d'actions, ou sur la construction psychologique des personnages. C'est par leurs écarts vis-à-vis d'une esthé-

---

1. Guy Gauthier, *Andreï Tarkovski*, Paris, Edilig, 1988.

tique pleinement réaliste et classique qu'ils invitent à une lecture symbolique. Ils ne sont pas d'emblée symboliques, ils le deviennent plutôt, au fur et à mesure de leur déroulement. *Mulholland Drive* de David Lynch (2001) en offre un exemple. L'aspect symbolique du film peut être appréhendé au travers de sa structure d'ensemble (deux parties dissymétriques, la seconde redistribuant la plupart des éléments de la première), du traitement de tel ou tel élément de l'histoire (des personnages énigmatiques, comme le cow-boy) ou de paramètres formels (la couleur bleue).

Ici encore, le sens symbolique procède de l'intention de l'auteur et de celle du film.

Dans une troisième classe de films, on pourrait grouper tous ceux qui ne requièrent pas, *a priori*, de lecture symbolique, mais s'offrent, au contraire à une **appréhension « simple », littérale.** Dans ce cas, ce serait l'intention du lecteur, de l'analyste, qui engendrerait des significations symboliques. Mais il ne faut évidemment pas négliger la possibilité d'une « ruse » de l'auteur (et du texte) tendant à dissimuler un sens symbolique sous une apparence lisse.

Par ailleurs, on peut postuler que tout art de la représentation (le cinéma en est un) engendre des productions symboliques exprimant plus ou moins directement, plus ou moins explicitement, plus ou moins consciemment, un (ou plusieurs) point(s) de vue sur le monde réel. De quelle(s) sorte(s) de points de vue s'agit-il (idéologique, moral, spirituel, esthétique) ? Comment se manifestent-ils ? Telles sont les questions que pose l'analyste au film sachant que les réponses ne s'offriront pas nécessairement de toute évidence.

Quelle que soit la classe à laquelle appartient un film, l'approche symbolique se trouve donc légitimée, mais pas de la même façon. L'analyste devra procéder avec prudence, une configuration métaphorique soulignée ou une absence apparente de configuration métaphorique pouvant toujours en dissimuler une autre (voir « Éléments pour l'analyse d'un film entier : *Rebecca* »).

Revenons aux procédures possibles de repérage du symbolique. Nous aborderons deux aspects de la question, sans prétention à l'exhaustivité.

5.1 L'étude du scénario

Les scénarios de films se réfèrent parfois (et même souvent) à des modèles structuraux, à des grands schèmes narratifs issus du patrimoine universel, supports de contenus symboliques, voire mythiques[1].

Cette référence est explicite (nous l'avons vu : *Orphée*) ou implicite. Ainsi, *Mulholland Drive* procède de la quête identitaire, du voyage initiatique et de la descente aux enfers. Une femme qui a perdu la mémoire au cours d'un accident meurtrier en rencontre une autre, venue faire carrière à Hollywood. Celle-ci aide celle-là à enquêter sur son passé : chemin faisant, elles rencontrent l'amour, la mort et les mystères de l'art cinématographique à Hollywood. Mais les personnalités s'échangent, les prénoms et les rôles s'inversent, l'amour se mue en haine, les histoires se brouillent, semblent construites en boucle, ce sont peut-être des rêves.

L'issue de l'enquête est incertaine, des personnages surgissent et disparaissent, des lieux étranges déréalisent l'univers diégétique (l'endroit où les ordres de production sont donnés, le théâtre *Silencio*), des objets mystérieux imposent leur pouvoir (une clé, une boîte). Betty, avatar d'Alice au pays des merveilles, rencontre Rita (qui a emprunté son nom à une star marquée du sceau de la femme fatale, Rita Hayworth).

Divers axes de lecture peuvent se dégager pour interpréter cet itinéraire.

Mulholland Drive est un film sur Hollywood. Il montre comment le rêve hollywoodien se mue en cauchemar, comment ce lieu prétendument mythique, théâtre paradisiaque de

---

1. Voir Francis Vanoye, *Scénarios modèles, modèles de scénarios*, Paris, Nathan, 1991, nouvelle édition Armand Colin, 2008, p. 27 et suiv.

nombreuses « *successfull stories* », est gouverné par des forces mauvaises (mafia, tueurs à gages, ambitions, jalousies) et par les faux-semblants. C'est un voyage initiatique négatif : Betty y vit un cauchemar, y perd son intégrité, son identité et sa vie. Mais le traitement singulier des espaces, des temporalités et des identités de personnages invite aussi à envisager le film comme le récit quasi fantastique de luttes d'individus avec des forces qui les dépassent (désirs, pulsions meurtrières, besoins d'emprise). C'est une méditation sur les aspects vampiriques et les effets dévastateurs de la passion, sur la dépossession de soi-même, sur les intermittences identitaires. Une plongée dans les mystères du rêve, une confrontation avec les puissances de l'imaginaire.

D'une manière générale, l'analyste peut émettre l'hypothèse du double fonctionnement de tout scénario de film. D'une part, le scénario structure un récit (une suite logique d'événements, des relations entre des personnages, des conflits, un ensemble d'informations à répartir dans le film pour assurer la compréhension et la vraisemblance) et une progression dramatique (selon les règles de l'alternance entre temps forts et temps faibles et celles de la progression continue de la tension jusqu'au dénouement, en passant par le « *climax* »). D'autre part, et simultanément, il propose un point de vue (moral, esthétique, politique, philosophique, poétique) sur l'histoire et les personnages, ainsi que des images du monde possible représenté, images plus ou moins chargées de connotations affectives, fantasmatiques, symboliques. Ces deux scénarios ne sont pas nécessairement convergents.

Dans son analyse des *400 coups* de François Truffaut[1], Anne Gillain postule l'existence d'un scénario « réaliste » (événementiel, fondé sur l'engrenage qui conduit Antoine Doinel d'une vétille scolaire à la délinquance), et d'un scénario « fantasmatique ». Ce dernier apparaît dès que l'on est sensible à certains aspects du film : digressions, répétitions de motifs visuels ou scénaristiques, ruptures

---

1. Anne Gillain, *François Truffaut : le secret perdu*, Paris, Hatier, 1991 ; et *Les 400 coups*, étude critique, Paris, Nathan, « Synopsis », 1991.

logiques, etc. Ce scénario fantasmatique « manifeste en premier lieu un désir de fusion avec une figure maternelle[1] ». Anne Gillain le voit à l'œuvre, par exemple, dans les relations passionnées d'Antoine avec Paris, « espace maternel » qui fournit, au cours des longues fugues du jeune garçon, abri, nourriture (une bouteille de lait), eau, figures de femmes (rencontre avec Jeanne Moreau, puis des prostituées).

Dans *Barton Fink* (E. et J. Coen, 1991), par exemple, une lecture symbolique s'autoriserait de l'inquiétante étrangeté du décor principal (un grand hôtel désert, isolé, d'immenses couloirs peu éclairés, un ascenseur vétuste, des murs tapissés de papier sombre) et de ses occupants (le groom grimaçant, le vieux préposé à l'ascenseur, l'inquiétant voisin de chambre de Barton Fink), de la récurrence de motifs scéniques et visuels (*sécrétions* de substances diverses : colle du papier mural, infection de l'oreille du voisin ; transpiration, sang, vomissements de l'écrivain et de Barton Fink ; *lutte* : thème proposé à Barton Fink, rushes du film de lutte, simulation avec le voisin ; *écriture* : machine à écrire, scénario, pièce de théâtre, Bible, roman de l'écrivain, pages blanches), du caractère mystérieux de certains objets (le colis confié à Barton par son voisin), des aspects réflexifs du film (un film sur un apprenti-scénariste à Hollywood, le tableau accroché dans la chambre de Barton qui se matérialise à la fin du film). Parallèlement à l'histoire rocambolesque et comico-tragique d'un dramaturge new-yorkais égaré à Hollywood, se déroule un scénario initiatique inscrivant l'écriture au cœur de la souffrance (voire de l'horreur) physique et morale.

5.2   Métaphores ponctuelles et réseaux métaphoriques

La métaphore, *stricto sensu*, est une figure d'expression verbale, « la forme la plus condensée » de l'image littéraire[2], une comparaison dont il ne resterait que le comparant[3]. La compréhension de

---

1. *Les 400 coups, op. cit.*, p. 89.
2. Bernard Dupriez, *Gradus*, Paris, UGE, 10/18, 1977-1980, p. 286.
3. Voir les analyses de Christian Metz, *Le Signifiant imaginaire*, ch. IV, écrit en 1975-76, édité en 1977, Paris, UGE, 10/18.

la métaphore s'appuie sur l'analogie de sens existant entre le terme actualisé et le terme absent auquel il a été substitué. Au cinéma, ce sont des images qui défilent, non des mots. L'effet métaphorique peut être engendré de la succession d'images produisant un sens « débordant » le sens littéral. C'est l'association, plus ou moins étroite, d'images rompant le strict continuum narratif, qui crée une configuration métaphorique (plutôt qu'une métaphore « pure »).

Ainsi des images de roulette alternant avec celles du lait brassé par l'écrémeuse dans *La Ligne générale* (voir « Analyse de films et histoire des formes cinématographiques »). L'analogie visuelle (mouvements tournants rapides) ne suffit d'ailleurs pas puisqu'elle est relayée par un intertitre expliquant la « métaphore ». Mais ce n'est pas toujours nécessaire et Fritz Lang peut aussi montrer un seul plan de dames cancanant avec un seul plan de poules caquetant (dans *Fury*) pour être compris. D'autres configurations sont plus lâches, moins explicites : dans *La Chute de la maison Usher*, des plans des mains crispées de Roderick peuvent être mis en relation avec les images d'une guitare aux cordes tendues qui finissent par se rompre ; mais ces images ne sont pas directement associées : elles se combinent avec d'autres pour exprimer la *tension* physique et nerveuse qui gagne les personnages et l'environnement au cours de la scène.

Métaphores et réseaux métaphoriques sont repérables au travers de la *répétition*, de formes *d'insistance* (gros plans, plans de longue durée, angles insolites) ou *d'amplification* (déformations visuelles, grossissements, effets sonores, etc.), du degré plus ou moins important *d'incongruité* de telle ou telle image par rapport à la norme narrative réaliste (de l'image délibérément non diégétique à la figure diégétisée, c'est-à-dire pleinement intégrée dans le monde représenté).

Et parfois, au terme de tout un trajet simultanément narratif, dramatique et figural, se constituent des images évoquant la *condensation* freudienne[1], où se concentrent en une représentation

---

1. Voir Sigmund Freud, *L'Interprétation des rêves*, ch. VI, « Le travail du rêve », 1926, Paris, PUF, 1967.

unique plusieurs séries d'associations d'images, où convergent, se synthétisent et se dépassent toutes les significations jusqu'alors dispersées ou parallèles (mais l'image-condensation peut être aussi point de départ, motif inaugural pour un trajet qui nous ramènera sans doute à elle : voir le feutre roulant, au ralenti et en gros plan, dans l'herbe d'une forêt, au tout début du *Miller's Crossing* des frères Coen, comme en un rêve).

Dans *Barton Fink*, lorsque Audrey (la secrétaire-maîtresse de l'écrivain Bill Mayhew) répond à l'appel de Barton pour l'aider à élaborer son scénario, la séance de travail dans la chambre d'hôtel se mue en scène d'amour.

- Plan 566 : Audrey et Barton sont assis sur le lit, en plan moyen, elle l'embrasse sur la bouche, il hésite, s'allonge, elle se couche sur lui. Travelling avant : elle lui enlève ses lunettes, il respire fort, elle l'embrasse.

- Plan 567 : rapproché sur les pieds de Barton et d'Audrey. Il enlève ses chaussures. Panoramique de bas en haut et travelling latéral en plan moyen sur le mur de la chambre. Musique. Gémissements hors champ de Barton. Le travelling se poursuit jusqu'à la porte de la salle de bains, puis travelling avant (gémissements hors champ d'Audrey) jusqu'à un gros plan sur le lavabo. Zoom avant sur le tuyau d'évacuation d'eau, plongée de la caméra dans le tuyau (bruits hors champ des deux personnages).

- Plan 568 : travelling avant dans le tuyau du lavabo. Off : des cris. Fondu enchaîné…

- Plan 569, travelling avant en plan serré et plongée sur le visage de Barton qui dort[1].

Le plan 567 opère un déplacement, éloignant la caméra, et du même coup l'œil du spectateur, de la scène sexuelle (néanmoins suggérée par les gémissements : la narration se déroule, en quelque sorte, entre le sonore et le visuel). Cependant, le mouvement de

---

1. *Barton Fink* de Joël et Ethan Coen, d'après *L'Avant-scène Cinéma*, n° 406, novembre 1991.

pénétration (de la caméra dans le trou et le conduit du lavabo) ramène métaphoriquement, métonymiquement (ces accessoires sont dans le même univers diégétique, à côté des protagonistes), et très ironiquement bien sûr, le spectateur à cette scène. Mais, il y a plus, le plan 568 condense plusieurs motifs visuels et scénaristiques : celui des travellings dans les couloirs déserts et mal éclairés, celui de la circulation des bruits et des liquides d'une chambre à l'autre (Barton Fink a entendu un couple faire l'amour dans la chambre voisine, son autre voisin pleurer) ; celui des corps et des milieux humoraux et suintants (l'hôtel apparaît alors comme une sorte de corps monstrueux), des eaux sales et des déjections (à opposer aux images de l'océan). On ne s'étonnera pas, après une telle figuration de la sexualité, qu'au réveil, Barton se retrouve aux côtés d'un cadavre ensanglanté… Mais l'on n'oubliera pas non plus que ce cauchemar est très consciemment élaboré pour le cinéma (et cependant : rêvé par qui ? Barton ? les frères Coen ? le spectateur ?). Et l'on voit qu'une lecture symbolique de *Barton Fink* nous conduirait sans doute vers une méditation sur le cinéma comme « usine à cauchemars ».

« Il y a toujours du sens derrière le sens[1] », écrit Christian Metz, illustrant magistralement cette phrase de l'analyse du gros plan du cacatoès dans *Citizen Kane*. À l'analyste de faire jouer les sens, au risque de s'y perdre[2].

---

1. *Le Signifiant imaginaire, op. cit.*, p. 334-337.
2. Pour d'autres prolongements : « Rhétoriques de cinéma », *Vertigo*, n° 6/7, 1991.

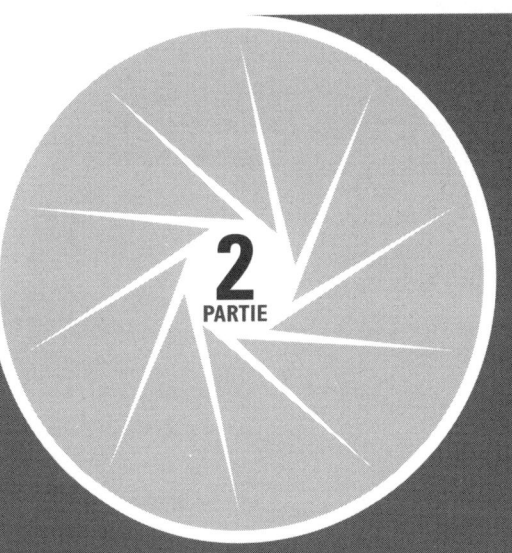

2
PARTIE

L'ANALYSE
EN PRATIQUE

4 DÉCRIRE ET ANALYSER

L'analyse de séquences ou de plans nécessite souvent un travail de description minutieux et systématique, plan par plan. Le degré de précision de la description est fonction des conditions matérielles de celle-ci, et de l'objectif poursuivi par l'analyste. La prise de notes pourra éventuellement donner lieu à un tableau faisant apparaître dans une première colonne le numéro du plan ainsi que sa durée, dans une seconde colonne les éléments de la bande-image et dans une troisième colonne les éléments de la bande sonore. Certains aspects peuvent caractériser la séquence dans son ensemble et feront l'objet d'une description générale à part.

ENCADRÉ 4 : LES COMPOSANTES DU PLAN

Définition

Le plan est une portion de film impressionnée par la caméra entre le début et la fin d'une prise ; sur un film fini, le plan est limité par les collures qui le lient aux plans précédent et suivant. Un effet optique (fondu, etc.) ou un chevauchement sonore rendent parfois plus floue la frontière entre les plans. D'une manière générale, le travail d'analyse peut conduire à nuancer, préciser, infléchir cette définition de base.

Le plan-séquence, fixe ou mouvant, réalise la conjonction d'un seul plan et d'une unité narrative (de lieu ou d'action).

La description plan par plan présente l'inconvénient de privilégier précisément le *plan* en tant qu'unité (et ce, à plusieurs niveaux : narratif, dramatique, plastique, analytique). L'analyse de séquence adoptera de préférence une approche synthétique.

Composantes du plan

1. La durée (du « flash » au plan égalant la capacité du chargeur de la caméra).

2. Éléments visuels représentés, mouvements dans le champ.

3. Angle de prise de vue (vue frontale/vue latérale ; par rapport à un personnage : face, dos, profil droit ou gauche, ¾ face ou dos ; plongée/contre-plongée, etc.).

4. Fixité ou mouvement (caméra fixe/caméra en mouvement : travelling avant, arrière, latéral gauche ou droite, vertical ascendant ou descendant ; panoramique horizontal ou vertical, mouvement à la grue, caméra portée, etc. ; objectif fixe/zoom : mouvement optique).

5. Échelle (place de la caméra par rapport à l'objet filmé) : plan général ou de grand ensemble ; plan d'ensemble, plan de demi-ensemble ; plan moyen (homme en pied) ; plan américain (dessous du genou) ; plan rapproché (taille, poitrine) ; gros plan (visage) ; très gros plan (insert, détail).

6. Cadrage : inclut la place de la caméra, l'objectif choisi, l'angle de prise de vue, l'organisation de l'espace et des objets filmés dans le champ.

7. Profondeur de champ : selon l'objectif choisi, l'éclairage, la disposition des objets dans le champ, la place de la caméra, la partie de champ nette, visible, sera plus ou moins importante. Les courtes focales accroissent la profondeur de champ (l'image est aussi nette en arrière-plan qu'au premier plan), les longues focales au contraire abolissent la profondeur de champ (l'image n'est nette qu'au premier plan). Entre ces deux extrêmes, les films envisagent une infinité d'intermédiaires ;

8. Situation du plan dans le montage, dans l'ensemble du film : où ? à quel moment ? entre quoi et quoi ?, etc.

9. Définition de l'image : couleur/noir et blanc, « grain » de la photo, éclairage, composition plastique, etc.

10. Éléments de la bande sonore : dialogues, bruits, musique ; échelle sonore ; intensité ; transitions sonores, chevauchements, continuité/rupture sonore.

11. Relations sons/images : sons in/off/hors champ ; sons diégétiques ou extra-diégétiques, synchronisme ou asynchronisme entre images et sons.

12. Transitions entre les plans : coupe franche (ou montage cut)/effet optique (fondu enchaîné, fondu au noir, volet, fermeture et/ou ouverture à l'iris, etc.), raccords (de regard, de mouvement, dans l'axe, etc.).

1. Analyse d'une séquence : *Rebecca*

Visite de la chambre de Rebecca.

Durée de la scène : 6' 10".

36 plans.

Une jeune femme de condition modeste rencontre dans le sud de la France Maxim de Winter, un riche aristocrate anglais qui vit dans le célèbre manoir de Manderley, en Angleterre. Celui-ci, veuf de son état, retrouve le goût de la vie au contact de cette jeune femme qu'il ne tarde pas à épouser. Il l'emmène vivre à Manderley où elle peine à trouver sa place tant le souvenir de la première femme défunte est omniprésent.

La séquence analysée se situe à environ 1 heure 04 minutes du début, soit environ à la moitié du film : la nouvelle Mrs. de Winter, poussée par la curiosité, pénètre clandestinement dans la chambre de la première épouse, Rebecca, qu'elle n'avait jusqu'alors jamais visitée. Mrs. Danvers, la redoutable gouvernante, ne manque pas de l'y surprendre et s'impose comme guide. Tandis qu'elle ranime avec ardeur le passé, le malaise de la jeune femme augmente. Celle-ci parvient finalement à s'échapper discrètement, laissant Mrs. Danvers, seule avec sa folie, dans ce lieu qu'elle s'obstine à vouloir faire vivre.

Ce qui fait l'unité de cette séquence, c'est le lieu, la chambre de Rebecca. La scène est toutefois fortement rattachée à la précédente dont elle est la suite directe (pas d'ellipse temporelle, enchaînement des actions) et dont elle reprend, en l'amplifiant, le schème de l'humiliation : d'abord surprise en train d'espionner une conversation, la jeune femme est ici prise en flagrant délit de transgression d'un interdit implicite (elle n'a pas à pénétrer seule dans cette chambre). Mais ces deux humiliations très rapprochées font suite à une série d'autres. La séquence de la chambre s'inscrit donc dans un ensemble dont elle est le point d'orgue.

La séquence est introduite par quelques plans qui en forment l'anacrouse et qui montrent la jeune femme monter les escaliers et avancer timidement vers la chambre. Le mouvement ralentit au fur et à mesure que celle-ci s'approche de la porte. La musique, la lenteur du travelling avant sur la poignée de la porte, la lenteur du mouvement de rotation de la main tournant la poignée filmée en très gros plan, produisent un effet de suspension et de suspense et contribuent à faire de cette chambre une pièce interdite, une sorte de cabinet de Barbe-Bleue (rappelons que la jeune femme profite de l'absence de son mari pour s'y introduire). L'interdiction avait déjà été signifiée dans une image antérieure qui montrait Jasper, le chien, montant la garde devant la porte.

La musique, orchestrale et à prédominance de cordes, couvre l'ensemble de la séquence. Elle passe du premier plan au second plan sonore lorsqu'il lui faut laisser la place aux dialogues. Certaines courtes interventions d'instruments solistes (gong, célesta, ondes Martenot, hautbois, harpe) viennent souligner les actions des personnages. Il s'agit d'une musique « empathique »[1], en harmonie avec la situation dramatique.

L'enjeu narratif principal de cette séquence est l'évocation d'un passé. Il s'agit en effet pour Mrs. Danvers de ranimer la chambre d'une morte et de redonner vie à la morte elle-même. Plutôt que de faire usage du flash-back, Hitchcock fait le choix d'une mise en scène hautement théâtralisée. Pour autant, le travail très rigoureux du cadrage et du montage ne fera pas oublier sa dimension cinématographique.

1.1 Corps et décor

La chambre de Rebecca est d'emblée identifiée à un théâtre. On en perçoit en tout premier lieu l'immense rideau blanc divisant la pièce en deux. Celui-ci est translucide et laisse entrevoir comme des ombres chinoises immobiles (plan 5). Il a la forme d'un rideau de scène. On le franchit par le milieu.

---

1. Voir les travaux de Michel Chion, par exemple, *L'audio-vision. Son et image au cinéma* (2ᵉ éd.), Paris, Armand Colin, 2005.

Les rideaux des fenêtres viennent ensuite confirmer la théâtralité du décor. C'est la jeune femme qui, la première, ouvre timidement les doubles rideaux d'une fenêtre (la moins grande), laissant pénétrer un peu de lumière dans la chambre de celle qui l'a précédée à Manderley. L'action est ensuite répétée et amplifiée par Mrs. Danvers qui tire, à son tour, les doubles rideaux, beaucoup plus imposants, de l'immense baie vitrée, laissant la lumière envahir complètement la chambre, comme sous l'effet de projecteurs : le spectacle peut commencer. L'effet théâtral (rideau, lumière) est double.

Ces doubles rideaux tirés laissent apparaître des voilages. Ceux de la petite fenêtre, au moment de l'entrée de Mrs. Danvers et parce que la jeune femme a ouvert la fenêtre, volent au vent. Or, la tradition cinématographique nous a appris à lire derrière la tempête, le vent et les rideaux qui dansent, une tempête plus intérieure qui habite les personnages. Ici, le rideau flottant reflète à l'évidence l'agitation que la jeune femme ne parvient à dissimuler. Mrs. Danvers, au contraire, est à l'image du voilage géant qu'elle fait apparaître : posée, calme et majestueuse.

Ainsi, deux actions identiques produisent deux résultats contrastés, directement déterminés par l'état émotionnel des personnages. Ceux-ci agissent en quelque sorte sur les éléments du décor en leur attribuant certaines de leurs propres caractéristiques. Les images procèdent ainsi à un transfert d'attributs des corps aux objets. À moins que les objets ne deviennent ici les éléments d'un véritable langage ou encore les enjeux mêmes d'une communication qui ne se limite pas aux échanges verbaux mais qui s'appuie sur l'expressivité des matières : ici les voilages, plus loin la fourrure ou la dentelle transparente, autant d'objets qui évoquent la sensualité passée de Rebecca et qui deviennent, au présent, l'instrument d'une forme de sadisme exercé par Mrs. Danvers.

Dans cette logique, ouvrir la fenêtre revient pour la jeune femme à rendre possible le courant d'air (claquement de la fenêtre, envolée du rideau) que provoquera Mrs. Danvers en pénétrant dans la pièce. La jeune épouse, d'une certaine manière, offre à

Mrs. Danvers le loisir de la perturber, de la fragiliser, de l'humilier, de l'enfoncer. Et Mrs. Danvers n'est pas femme à laisser passer une seule de ces occasions. Le rapport de pouvoir qui s'exerce entre les deux femmes se résume pour ainsi dire à cela : Mrs. Danvers saisit les occasions offertes par la victime elle-même pour la mettre en situation d'infériorité. Cette configuration se reproduit à maintes reprises dans le film.

La chambre et son décor, on vient d'en avoir un aperçu avec les rideaux, sont moins le réceptacle de l'action que son adjuvant direct et actif. De même que les rideaux, chaque meuble, chaque objet trouve sa place et joue un rôle précis dans cette configuration d'ensemble :

— l'armoire et les tiroirs qui continuent d'héberger les affaires de Rebecca, prêts, dès qu'on les ouvre, à laisser déborder le passé ;

— la coiffeuse devant laquelle les deux femmes miment la scène du coiffage et sur laquelle est exposée une photo de Maxim, preuve apparente d'un amour immense et *réciproque* entre Maxim et Rebecca ;

— le lit sur lequel se trouve la pochette amoureusement brodée par Mrs. Danvers pour Rebecca ;

— les multiples bouquets de fleurs indiquant le soin particulier avec lequel Mrs. Danvers entretient la chambre, comme si elle était habitée.

Le plaisir que procure à Mrs. Danvers l'évocation du passé n'a d'égal que la gêne et le malaise éprouvés par la jeune femme.

La scène ne propose aucun plan à proprement parler descriptif et seulement une courte vue d'ensemble de la partie de la chambre située au-delà du rideau. Elle ne fait pas non plus apparaître les liens nécessaires entre les différentes portions d'espace qui permettraient une perception et une représentation globale et homogène de la pièce. Ainsi, il demeure par exemple impossible de situer la penderie, les tiroirs de linge ou la porte de la salle de bain relativement à la coiffeuse ou au lit. À une représentation d'ensemble homogène, Hitchcock a préféré le morcellement de l'espace, ménageant des alvéoles spatiales plus ou moins indépendantes. Le cadrage et le montage construisent de cette façon un espace beaucoup plus cinématographique que théâtral. La théâtralité se situe donc du côté des motifs (les rideaux, la lumière), mais non du côté d'une représentation unifiée de l'espace. La séquence joue d'ailleurs de ce conflit entre l'aspect monumental et grandiose de cette chambre qui relève bien du décor théâtral, et sa représentation cinématographique. C'est que son enjeu est moins de donner une représentation du lieu lui-même que de montrer les personnages en train de le percevoir. Autrement dit, la perception du lieu est médiatisée par les deux protagonistes et le spectateur a en quelque sorte accès à un décor déjà interprété par les deux femmes.

1.2 Les personnages : une séquence à deux + deux

Dans ce décor, se joue un drame à deux personnages et si la chambre conserve son caractère théâtral, malgré sa représentation morcelée et cinématographique, c'est que ces deux personnages incarnent véritablement des rôles. La jeune femme improvise maladroitement le sien qui ne lui convient guère : celui de la nouvelle femme de Max de Winter, à laquelle le film n'offre pas même un prénom (quand les initiales de Rebecca continuent d'envahir le manoir). Dans la chambre de Mrs. de Winter n° 1, Mrs. de Winter n° 2 ne peut que prendre conscience de tout ce qu'elle n'est pas, ne possède pas, ne fait pas. Elle y fait figure de femme de chambre plutôt que de maîtresse de maison (dans une scène antérieure, Maxim la compare d'ailleurs à une servante). Surprise par Mrs. Danvers qui lui demande ce qu'elle fait là, elle justifie maladroitement sa présence par un petit mensonge que la gouvernante détecte immédiatement. Les deux femmes semblent bien avoir inversé leurs rôles.

Mrs. Danvers, contrairement à la nouvelle épouse, maîtrise parfaitement son rôle qu'elle répète depuis des années. Elle connaît et pratique tous les métiers du théâtre. Elle est bien sûr « actrice », joue son propre rôle et aussi, parfois, celui de Rebecca dont elle restitue les paroles. Elle est également « décoratrice » puisque c'est elle qui décide de la place de chaque bouquet de fleurs, de chaque objet (elle remarque qu'on a légèrement déplacé une brosse à cheveux). Bien sûr, elle est « metteur en scène » : elle dirige du début à la fin la visite de la chambre, indiquant à la jeune femme ses déplacements. Enfin, elle est « dramaturge » puisqu'elle assume à elle seule la charge des dialogues (la jeune femme prononce tout au plus deux phrases et pour le reste se contente d'écouter sans même se risquer à poser une question). Mrs. Danvers dirige la scène, affiche son autorité face à la toute petite Mrs. de Winter qui, la plupart du temps, est reléguée au rang de simple spectatrice : Mrs. Danvers s'emporte dans un monologue qui se suffit à lui-même et qui constitue à lui seul un spectacle complet dans lequel la jeune femme ne trouve pas à s'intégrer.

Il ne faudrait pas, toutefois, réduire cette scène à un solo, ni même à un duo car en réalité, deux autres personnages y participent activement : Maxim et Rebecca. Le premier, représenté par un portrait photographique posé sur la coiffeuse, joue un rôle important dans le récit du passé que fait Mrs. Danvers (« It was a Christmas present from *Mr. de Winter*. He was always giving her expensive gifts, the whole year round », « Sometimes she and *Mr. de Winter* didn't come until dawn... »).

Quant à Rebecca dont c'est la chambre, elle s'incarne aussi bien dans certains objets (un « R » brodé par exemple) que dans l'atmosphère générale, placée sous le signe de la *féminité*. Du rideau fin et transparent, sorte de cloison-hymen à franchir par le centre, à la souplesse et la délicatesse d'une chemise de nuit, en passant par la finesse d'une lingerie d'exception, la douceur incomparable et la sensualité d'une fourrure ou encore la splendeur d'un imposant bouquet de fleurs, tout caractérise d'un même geste Rebecca, réputée sophistiquée, remarquablement belle, modèle d'élégance. Par ailleurs, Rebecca est au centre du monologue de Mrs. Danvers : le visage blanc, froid et imperturbable de celle-ci, véritable masque de cire, sa voix d'outre-tombe, inaltérable, monocorde, sa longue et austère robe noire qui donne l'impression qu'elle glisse sur le sol, font d'elle un fantôme ou un revenant plus qu'un être humain. En un sens, elle pourrait être l'incarnation déguisée et travestie de Rebecca la morte (le moins que l'on puisse dire est que Mrs. Danvers n'incarne pas la féminité). Plus Mrs. Danvers s'apparente à la mort, plus Rebecca recouvre la « vie ». Celle-ci apparaît également par moments sous les traits de la nouvelle épouse lorsque Mrs. Danvers l'invite à prendre place devant la coiffeuse afin de mimer le brossage des cheveux, mais c'est elle, Mrs. Danvers, qui prononce les paroles, assumant tous les rôles, se donnant la réplique à elle-même.

La présence implicite de ces deux personnages absents détermine en partie la relation conflictuelle qui oppose Mrs. Danvers à Mrs. De Winter n° 2. Cherchant à faire revivre Rebecca à laquelle elle voue une passion en forme d'absolu, Mrs. Danvers ne peut accepter la présence de la nouvelle épouse. Sa stratégie consiste alors à réanimer et réinstaller la morte aux côtés de Maxim et à éliminer la remplaçante (qu'elle tentera de pousser au suicide dans une séquence ultérieure). Cette relation à quatre plutôt qu'à deux explique en partie l'étrangeté du jeu des deux « actrices » dans cette scène, qui tantôt s'affrontent, s'observent, « jouent » ensemble, tantôt s'ignorent complètement et s'immergent chacune dans son histoire propre. Les plans 18, 24, 26, 28 par exemple, montrent l'héroïne en plan rapproché : l'absence de profondeur de champ, l'échelle du plan et la musique isolent le personnage, l'extraient de son environnement et focalisent l'attention sur ses états d'âme. Dans ces plans, la jeune femme semble parfaitement absente de la scène, tout occupée à son malaise intérieur.

Cela prend une forme différente chez Mrs. Danvers : lorsqu'elle se caresse la joue de la très sensuelle fourrure (plan 23), lorsqu'elle raconte les fins de soirées en tournant presque le dos à son interlocutrice, le regard orienté vers le plafond (plan 27), lorsqu'elle mime le brossage des cheveux (plan 29), lorsqu'elle écoute la mer et qu'elle ne voit même plus la jeune femme sortir (plan 35), Mrs. Danvers l'impassible, Mrs. Danvers l'insensible se passionne et s'exalte en parlant de Rebecca, trahit une légère émotion ; son masque s'anime car elle s'extrait du présent, se transporte un an auparavant et revit les scènes les plus intenses de son heureux passé aux côtés de Rebecca. La séquence se clôt sur un monologue dans lequel Mrs. Danvers explique que parfois, elle croit entendre les pas de Rebecca dans toute la maison et que la morte revient à Manderley pour y observer la nouvelle épouse aux côtés de Mr. de Winter. Horreur absolue pour la seconde épouse de s'imaginer observée par l'épouse idéale.

1.3   La mise en scène : entrer, sortir, habiter

Scène théâtrale, donc, dirigée par Mrs. Danvers qui attire sa « marionnette » çà et là, au besoin d'un mouvement d'invitation du bras (plans 29, 32), qui, d'une pression de la main sur l'épaule, la fait asseoir, qui reconstitue en le narrant le coucher de Rebecca et qui va jusqu'à mimer théâtralement le brossage des cheveux (elle fait semblant : la brosse reste à distance de la chevelure).

Cruciales et chargées sont aussi les entrées et sorties des personnages. En ce qui concerne l'héroïne, il faut parler, en réalité, de deux entrées et non d'une seule. Nous avons commenté plus haut l'entrée dans la chambre, et l'effet de suspense qui l'accompagne.

La seconde, plus théâtrale (passage du grand rideau blanc), appuyée cette fois par la harpe puis les ondes Martenot, correspond à la grande entrée dans le décor. Le « sas » situé entre la porte et le rideau est un lieu de passage (initiatique ?).

De même qu'elle entre deux fois, l'héroïne effectuera de façon symétrique sa sortie en deux étapes. Le passage du rideau, appuyé par la musique, alors que la tension émotionnelle de la jeune femme est à son comble, produit chez elle un effet de soulagement aussi grand que bref puisque Mrs. Danvers réapparaît sans tarder. La jeune femme devra procéder à une seconde sortie (la porte) discrète et timide comme l'entrée (puisque dans les deux cas, elle cherche à ne pas être vue par Mrs. Danvers).

Totalement opposées sont les entrées et sorties de Mrs. Danvers. Son apparition s'effectue sur la bande-son avant d'avoir lieu sur la bande-image. Sa phrase d'introduction : « *Do you wish anything Madam* ? » chevauche deux plans très courts : le plan 11 du rideau qui vole au vent et le plan 12 de la pauvre fille en plein désarroi. On peut même considérer que le premier signe annonçant son entrée remonte au claquement de la fenêtre. Double entrée sonore donc pour Mrs. Danvers qui ne figure concrètement dans le champ qu'au plan 13 : sa silhouette, en pied, à travers le rideau transparent semble enracinée, immobile. Visuellement, cette apparition a quelque chose de surnaturel. C'était déjà le cas de sa disparition à la fin de la scène précédente : après le départ de Jack Favell, la jeune femme s'était retournée pour constater que Mrs. Danvers avait disparu comme par enchantement : Mrs. Danvers n'était plus là sans avoir eu à sortir (nous assisterons à la même mise en scène un peu plus tard : alors que les deux femmes se trouvent sous le tableau de Caroline de Winter, il suffit que la jeune épouse lève le regard vers le tableau et fasse un commentaire pour que Mrs. Danvers s'enfuie sans mot dire). De même, le fait de censurer son entrée et de ne la montrer qu'après coup, telle une statue immobile, crée l'effet symétrique : Mrs. Danvers est là, sans avoir eu à entrer. Ses entrées et sorties, ainsi que son apparence physique et le timbre de sa voix, confirment son appartenance à la catégorie des fantômes.

Il faut noter également qu'à l'issue de la scène, Mrs. Danvers ne quitte pas la chambre. Elle n'effectue pas de sortie, reste seule sur les lieux... de sa mort prochaine. Les entrées de la jeune femme ressemblent à des intrusions, ses sorties sont la fuite d'un cauchemar. Mrs. Danvers au contraire entre en s'imposant, déloge celle qui la gêne et *reste*. La chambre est son territoire.

1.4 Remarque

Un film se présente généralement comme un ensemble de séquences, construites à partir de critères narratifs, dramatiques, plastiques, etc.

L'analyse du fonctionnement interne d'une séquence gagne ainsi à être élargie par celle du rôle de la séquence au sein du film. Cette scène de *Rebecca*, par exemple, située à environ la moitié du film, est fondamentale. Non seulement elle dévoile un espace chargé, jusqu'ici demeuré dans le secret, mais elle constitue une sorte de métonymie du film entier. En effet, la manière dont la jeune femme s'introduit dans cette chambre et en sort quelques instants plus tard n'est pas très différente de la manière dont elle s'introduit dans le manoir puis en sort à la fin du film. Les désagréments auxquels elle est confrontée à l'intérieur de cette chambre reflètent le cauchemar qu'elle endure durant tout son séjour au château. Le portrait de Rebecca dressé ici par Mrs. Danvers et qui renvoie la jeune épouse à ses faiblesses, ses imperfections et à sa condition inférieure, ne diffère finalement en rien de celui que tracent tour à tour les personnages du film, jusqu'aux mieux intentionnés vis-à-vis de la nouvelle épouse. De Mrs. Van Hopper à Beatrice, en passant par Frank, chacun, homme ou femme, maître ou domestique, s'accorde à attribuer à la première épouse la totalité des qualités d'une femme du monde et fait de la grande absente du film la femme idéale (ce sera le cas, dix ans plus tard, de l'Addie Ross de *A Letter to Three Wives* de Mankiewicz). Voilà qui définit le cauchemar de cette jeune femme modeste et timide censée occuper la place.

L'entrée au manoir se fait dans la même hésitation que l'entrée dans la chambre. La nouvelle épouse vient s'installer en un lieu où elle n'est visiblement pas la bienvenue. Or, c'est en particulier dans la chambre, lieu où elle a sans doute le moins sa place, qu'elle va éprouver le plus violemment ce sentiment d'être indésirable. Par ailleurs, la dimension théâtrale de la scène de la chambre n'est pas sans rappeler la scène de l'arrivée au château, elle aussi hautement théâtrale, dirigée avec talent par le même metteur en scène, Mrs. Danvers, qui a su rassembler et disposer l'ensemble des domestiques en un orchestre prêt au salut (voir plus loin « Analyse d'un plan : *Rebecca* »).

Les *sorties* quant à elles, qu'il s'agisse de s'extraire de la chambre ou de quitter définitivement Manderley, sont des fuites salvatrices (fuir la menace qu'incarne Mrs. Danvers et tenter immédiatement après une révolte ; fuir les flammes pour reconstruire le couple). Notons que Mrs. Danvers, elle, ne sortira ni du manoir ni de la chambre où elle sera happée par les flammes.

La chambre de Rebecca est donc en quelque sorte la miniature de Manderley, c'est-à-dire le lieu d'un duel serré entre les deux Mrs. de Winter, orchestré par Mrs. Danvers. La séquence porte ainsi en elle quelque chose du sens général de l'œuvre. Elle peut donc être étudiée pour elle-même ou par rapport au film entier.

Elle peut également, à partir de paramètres précis, être rattachée à d'autres séquences et faire l'objet d'une analyse comparée ou complémentaire. On pourra très naturellement la rapprocher de deux séquences : la seconde séquence de la chambre de Rebecca (qui réunit les deux mêmes personnages), la séquence du cottage.

1.5 Deuxième séquence de la chambre

À la suite de la première visite de la chambre, la jeune femme fait débarrasser le bureau de tout ce qui a pu appartenir à Rebecca et tente ainsi de s'affirmer en faisant comprendre à la gouvernante que Mrs. de Winter, c'est désormais elle, qu'elle est prête à tenir son rang et à assumer son nom. C'est un choc pour Mrs. Danvers qui décide de se venger. Dans ce but, elle conseille à la jeune femme de choisir comme costume pour le grand bal annuel, la robe qu'arbore une ancêtre de la famille sur l'un des tableaux de la galerie, sans lui préciser que Rebecca portait cette même robe au bal de l'année précédente. Le soir venu, la jeune femme apparaît ainsi vêtue devant Maxim à qui elle réservait la surprise. Celui-ci entre dans une colère noire et enjoint son épouse de se changer. Remontant dans sa chambre, la jeune femme voit Mrs. Danvers pénétrer dans la chambre de Rebecca et lui emboîte le pas.

On remarque d'emblée un échange des rôles par rapport à la première séquence : ce n'est plus Mrs. Danvers qui suit

Mrs. de Winter, mais l'inverse. Par ailleurs, tout suspense a disparu : aucune hésitation de la jeune femme qui court dans le couloir et ouvre la porte violemment.

Par ailleurs, le décor même de la chambre semble s'être métamorphosé : il suffit que le grand rideau transparent formant une véritable cloison dans la première séquence soit ici ouvert pour que la chambre apparaisse totalement différente. D'autre part, la fenêtre par laquelle Mrs. Danvers invite la jeune femme à sauter passait la première fois complètement inaperçue. Cette plasticité du décor est relative aux transformations des personnages et confirme la relation de dépendance réciproque qui unit les personnages au lieu.

Que s'est-il vraiment passé entre les deux séquences ? Une humiliation est venue s'ajouter aux précédentes. Mais l'essentiel tient au fait que ce qui, dans un premier temps, restait implicite et passait par la mise en scène (l'exhibition des vêtements, l'utilisation des objets visaient à montrer que Rebecca était toujours maîtresse des lieux) s'exprime ici par le dialogue : Mrs. Danvers passe au stade ultime de l'offensive, n'hésitant plus à dire à haute et intelligible voix que la jeune femme ne pourra jamais remplacer sa maîtresse vénérée. Elle en appelle alors à ses talents surnaturels pour hypnotiser, ensorceler sa victime et la pousser très explicitement au suicide.

Si la première de ces deux séquences présentait Rebecca sous les traits de la femme idéale et faisait ressortir symétriquement tout ce qui faisait défaut à la nouvelle Mrs. de Winter, la seconde, qui en est la suite directe et logique, ne fait que rendre plus patente encore la comparaison des deux Mrs. de Winter puisque sans le savoir, la nouvelle joue à imiter celle qu'elle remplace en en prenant l'apparence. Son image se superpose en quelque sorte à celle de Rebecca. Or, pas une seule fois le film ne propose une image de Rebecca, si bien que la « comparaison » se fait entre un corps présent et un corps absent, un corps tangible parce que visible et un autre fantomatique et légendaire.

La séquence donne lieu à deux discours parallèles. Celui, tout d'abord, des personnages de la diégèse qui ont en mémoire l'image de Rebecca (ce n'est pas le cas du spectateur) : les uns (Maxim, Beatrice) se préoccupent moins de la comparaison elle-même que du scandale causé par la possibilité même d'une telle comparaison ; l'autre, Mrs. Danvers, qui a provoqué la situation, se livre à l'exercice et trouve la jeune femme parfaitement ridicule. Mais la séquence fait aussi apparaître le discours du film lui-même, qui est tout autre. Loin d'enfoncer la jeune femme, il fait éclater sa beauté, met en valeur une féminité et une élégance jusqu'alors enfouies, fait du personnage enfin une héroïne et offre à Joan Fontaine une vraie scène de bravoure.

1.6   La séquence du cottage

Cette séquence intervient à la suite de celle de la chambre. La nouvelle épouse, au comble du désespoir, se serait peut-être jetée dans le vide (cela rappelle l'image de Maxim, au début, au bord de la falaise) si des fusées annonçant la présence d'un bateau sur les rochers ne l'avaient tirée de sa torpeur. On apprend sans tarder qu'un plongeur a également trouvé la carcasse du voilier de Rebecca. L'apparition de la seconde épouse dans la robe de la première peut donc se lire après coup comme la figuration anticipée du retour de cette dernière.

Notre héroïne part à la recherche de son mari qu'elle finit par retrouver au cottage, situé au bord de la mer. Le lieu diffère mais si cette séquence peut toutefois être rattachée aux deux précédentes, c'est que l'endroit demeure très fortement lié à Rebecca (on y trouve encore partout ses affaires et ses initiales). Sorte de condensé métonymique ou de représentation hyperbolique du manoir dans son ensemble, le cottage est surtout une réplique décentrée de la chambre, ou encore ses coulisses, son « hors champ » clandestin (elle y recevait ses amants). À ce titre, il fait partie, comme la chambre, des lieux interdits (Maxim se met d'ailleurs en colère lorsque, peu après leur arrivée à Manderley, sa femme s'y rend pour récupérer le chien ; il lui fait promettre de ne plus jamais y mettre les pieds). Mais le cottage se distingue aussi considérablement de la chambre. Dans cette dernière, Mrs. Danvers, véritable maîtresse les lieux, fait régner un ordre, une beauté, un luxe liés au paraître et au mensonge (signes d'une vie conjugale parfaite…) tandis que le cottage, « gardé » par Ben, un vieux fou, est le lieu où se déchaînent les vraies passions. Le décor est par conséquent très différent : pas de bouquets de fleurs, pas de brosses bien rangées sur une coiffeuse, pas de dentelle transparente, pas de douce fourrure, juste des toiles d'araignées, de la poussière et un cendrier rempli de vieux mégots. Le cottage est donc le double de la chambre, mais en révèle la face sombre.

Les protagonistes diffèrent également : la jeune femme se trouve en présence d'un Maxim qui accepte enfin de revenir sur un passé qu'il cherchait à oublier. En révélant à son épouse la véritable nature de sa relation avec Rebecca, relation de haine violente, il dément totalement la version du passé telle qu'elle avait été rapportée par Mrs. Danvers. Les informations narratives prodiguées dans cette scène sont donc en tout point opposées à celles des deux scènes de la chambre. La jeune femme, tout à coup, n'a plus de rivale. Non soumis aux règles sociales (par opposition au château, à la chambre), le cottage est le lieu de la *vraie* révélation, où Maxim effectue, sur le même mode que Mrs. Danvers dans la première séquence de la chambre, un récit au passé, mais qui se joue au présent dans une mise en scène tout aussi théâtrale.

Maxim, envahi par le souvenir, raconte d'abord le mariage, la lune de miel, la cohabitation catastrophique, le chantage, le cynisme, autrement dit, toutes les étapes, à travers les années et les espaces, d'un mariage raté. Puis, le récit tout à la fois s'accélère et se resserre autour de l'événement ultime : la mort de Rebecca, qui, ce n'est pas tout à fait un hasard, s'est produite dans le lieu même où se trouvent les personnages. On assiste alors non seulement à la fusion de « l'ici » de l'événement raconté avec « l'ici » de l'acte de narration, mais encore à la fusion du moment passé de l'événement avec le moment présent de son récit. Le passé fait alors littéralement irruption dans le présent. La surimpression des deux instants génère une troisième temporalité située entre passé et présent.

C'est alors que, dans un plan célèbre de cette séquence, le fantôme de Rebecca prend soudain vie alors même que son absence et son inconsistance sont soulignées sous l'action de la caméra. Maxim dit : « *She was lying on the divan, an ashtray of cigarettes tossed beside her...* » et la caméra montre le divan comme si Rebecca y était assise, mais il n'y a personne ; elle montre également un cendrier plein de mégots. Puis Maxim poursuit : « *Suddenly she got up...* » et la caméra effectue un travelling vertical ascendant comme si elle accompagnait le personnage en train de se lever, mais il n'y a pas de personnage. Puis Maxim continue : « *...started to walk toward me* » et la caméra amorce un travelling d'accompagnement sur le personnage absent. Puis Maxim raconte enfin : « *... she was face to face with me...* », c'est alors qu'il fait son entrée dans le plan et devient acteur du drame en même temps qu'il en est le narrateur. La caméra accompagne alors le mouvement de chute du corps absent de Rebecca et c'est la fin du plan. Les deux plans suivants montrent le visage de la jeune femme, spectatrice de la scène, aussi horrifié que si le cadavre gisait réellement sous ses yeux. Maxim faisant un bond en arrière est lui aussi épouvanté par la mort qu'il semble avoir provoquée à l'instant même.

Tout laisse à penser que ce récit n'aurait pas pu se faire ailleurs que sur les lieux mêmes des événements (même chose pour le récit de Mrs. Danvers qui ne pouvait avoir lieu que dans la chambre de

Rebecca) et que ce sont les lieux, archives du passé, ainsi que les objets qui les peuplent, qui stimulent la mémoire, réveillent les souvenirs et donnent à lire les événements d'autrefois. Le non-recours à la figure du flash-back indique bien que l'enjeu ici est moins le simple récit de ce passé funeste que son impact direct sur le présent. Que la jeune et seconde épouse prenne connaissance des circonstances dans lesquelles est morte celle qui l'a précédée est une chose, qu'elle soit la spectatrice de cette mort, qu'elle y assiste pour ainsi dire « en direct » en est une autre.

Ce que raconte le film est au fond assez simple. Pour le résumer d'un mot, il ne fait que mettre en scène la deuxième mort de Rebecca, la première n'ayant pas « pris » ou n'ayant pas suffi. Le présent ne peut prétendre se libérer du lourd passé sans tuer une seconde fois celle qui, tel un zombie, continue d'errer dans le manoir de Manderley. D'où le caractère décisif de cette séquence au cottage : la coexistence, un instant durant, des deux couches de temps vient actualiser la mort de Rebecca et la rendre effective. Enfin bel et bien morte, elle cesse d'être un actant dans le monde des vivants. Cela permettra ensuite une vraie séparation du passé et du présent.

Nous évoquions en préambule la possibilité de confronter une séquence à d'autres séquences du même film (ce que nous venons de faire) mais également à d'autres séquences d'autres films. Celle du cottage est très comparable à la séquence finale de *Secret Beyond the Door* (*Le Secret derrière la porte*, Fritz Lang, 1948) : celle-ci se déroule dans une pièce qui est la copie de la chambre de la première épouse de Mark, morte quelque temps auparavant. Il s'agit également d'un lieu présenté comme interdit. Un bouquet de lilas amène Mark (Michael Redgrave) à se souvenir d'un épisode crucial de son enfance et à le revivre au présent tout en le racontant à sa seconde épouse Celia (Joan Bennet). La maison, comme le manoir de Manderley, est condamnée aux flammes. Nous pourrions également envisager de comparer la séquence du cottage de *Rebecca* avec l'avant-dernière séquence d'un film moins connu, *The Red House* (*La Maison rouge*, Delmer Daves, 1947) dans laquelle Pete Morgan (Edward G. Robinson) devenu fou, revit au présent une scène du passé dans laquelle il tue la femme qu'il aime. La maison rouge, dans laquelle se déroule cette séquence est, tout comme le cottage chez Hitchcock, un lieu qui, bien qu'appartenant à la propriété, est décentré, situé dans une énigmatique forêt. C'est aussi par excellence, un lieu interdit.

2. Débuts et fins de films

2.1 *Le Jardin des Finzi Contini* (1971), Vittorio De Sica, d'après le roman de Giorgio Bassani (1962)

Début.

Après le générique défilant sur une suite d'images plutôt automnales de feuilles, d'arbres et de fleurs filmés en couleurs saturées, surexposées, accompagnées d'une musique à tonalité mélancolique, apparaît le premier plan du film sur lequel, au début, vient s'inscrire en grandes lettres blanches la mention « Ferrare 1938 - 1943 » :

1. Large rue patricienne ensoleillée, bordée de murs anciens où se devinent des portails de demeures, filmée en plan d'ensemble selon une belle perspective fuyante gauche-droite, et où se déplacent à vélo neuf jeunes gens vêtus de blanc (tenue de tennis) ; la caméra accompagne en panoramique le mouvement de quatre d'entre eux jusqu'à recadrer la rue selon la perspective droite gauche : les quatre cyclistes s'arrêtent bientôt devant la grille d'une propriété.

Les plans suivants recadreront d'abord de plus près le groupe des quatre alors qu'ils sonnent à la grille puis isoleront chacun des quatre visages pleins de vivacité, dont celui d'une jeune fille. Un gardien répond à leur appel et ils rejoignent alors en sens inverse les cinq autres devant le portail de la propriété qu'on leur ouvre.

Fin.

La conclusion du film s'amorce sur une vue panoramique des toits de Ferrare contemplés de la fenêtre de la classe où ont été rassemblés de force les juifs promis à la déportation. En off, un chant s'élève, chant juif où l'on pourra saisir le nom «Auschwitz» et qui se poursuit jusqu'à la fin du film. Ce plan hivernal est suivi de trois plans brefs de rues désertes, puis d'un plan d'ensemble de la propriété des Finzi-Contini et d'un autre du court de tennis désert. Puis un plan ensoleillé de Micol (interprétée par Dominique Sanda) montre la jeune fille au ralenti, souriante, montant vers la caméra en tenue de tennis et brandissant sa raquette. Une suite de champs-contre-champs en plans rapprochés de visages montre qu'elle renvoie la balle successivement à trois jeunes gens. Le tout dernier plan du film, assez bref, montre de nouveau une vue d'ensemble fixe du court de tennis désert sur lequel se superposera la mention «un film de Vittorio de Sica».

Le premier plan du film inscrit d'emblée l'ensemble de l'œuvre dans un lieu précis (Ferrare) et dans une perspective historique fortement connotée (la montée du fascisme en Italie, la guerre). Mais il se place aussi sous les auspices du soleil, de l'été, de la jeunesse et de la beauté d'un lieu magnifié par le cadrage en perspective et les couleurs des vieux murs. Les neuf jeunes gens tous vêtus du blanc de la tenue de tennis, tous juchés sur des bicyclettes semblent indifférenciés et mus par le même élan les poussant joyeusement vers le parc de la propriété des Finzi-Contini.

Les derniers plans du film, succédant à l'ambiance hivernale et mortifère de la scène de rassemblement des juifs dans la classe, reviennent à l'été, à la jeunesse, au tennis mais s'inscrivent dans un passé tout à la fois relativement proche et définitivement perdu : la réalité présente, celle de 1943, c'est en effet la persécution des juifs de Ferrare, le sort funeste qui les attend (suggéré par le chant), les rues hivernales de la ville vidée de ses habitants, le court de tennis enfin, désert. Les plans filmés au ralenti associés au chant plaintif placent la beauté de la jeune fille, la vitalité des échanges avec les trois jeunes gens dans la perspective mélancolique de la perte. En ce sens les trois jeunes hommes, qui ont bien été différenciés durant le film – il s'agit du frère de Micol, d'un de ses amis et de son amant – se retrouvent unis avec la jeune fille dans un mouvement qui scelle leur disparition.

Entre-temps le film aura en effet raconté et montré la désagrégation du groupe filmé dans le premier plan selon deux grands mouvements. Un mouvement de différenciation : la belle uniformité des jeunes gens du groupe est trompeuse. Il s'avère en fait travaillé par de profondes différences, ce groupe : différences de catégories sociales (aristocratie possédante – les Finzi-Contini –, petite bourgeoisie, prolétaires), différences «raciales» (juifs/non juifs), différends idéologiques (fascistes/communistes), conflits amoureux. Et les événements historiques vont précipiter un second mouvement, celui de la désintégration du groupe, l'un succombant à la maladie qui le ronge dès le début du film, d'autres disparaissant au front ou fuyant la persécution fasciste, d'autres encore pris dans les mailles du filet tendu par les nazis. Mais l'évocation finale par les ralentis du passé vécu dans le jardin des Finzi-Contini suggère que les relations vécues par Micol avec ces jeunes gens, bien que complexes, ambiguës, voire douloureuses, étaient la vie même et que c'est bien la vie qui, en cet hiver 43, a déserté le jardin et est en train de déserter Ferrare. Si bien que les couleurs excessivement saturées du générique, les procédés d'idéalisation du lieu (la rue) et des jeunes gens, dans le premier plan comme dans les ralentis de la fin, sont en quelque sorte désignés comme des illusions trompeuses broyées par l'Histoire, de même que le jardin des Finzi-Contini, refuge trompeur lui aussi, n'a pas su protéger ses habitants de la machinerie fasciste. Du moins était-ce de belles illusions.

2.2 *Un prophète* (2009), Jacques Audiard

Début. Cette fois nous donnons le détail des plans.

1. Sur l'écran noir apparaissent, dans une sorte de clignotement, des mentions concernant la production du film. Simultanément on entend, de plus en plus fort, un brouhaha de portes ou de grilles qui s'ouvrent et se ferment accompagné de voix en pleine altercation («...*tu veux m'empêcher de parler, toi !* (...) *va t'faire enculer, d'accord ?...*»). En bas et à droite de l'écran apparaît brièvement une

main, comme éclairée par le halo lumineux d'une lampe torche ou vue au travers d'un trou. Passage au noir, bref. Le cercle remonte le long du bras, on voit les menottes. Le noir revient, puis le cercle lumineux s'élargit un peu et l'on voit en amorce de profil droit le visage tuméfié d'un jeune homme (Tahar Rahim) qui se tient la tête. Pendant ce temps les bruits de voix et de portes se rapprochent. Ce plan est sans doute fait de plusieurs prises, mais les passages au noir et la bande-son donnent une impression de continuité.

2. Plan en contre-jour d'une porte vitrée à deux battants laissant passer deux silhouettes d'hommes, l'un poussant l'autre. Vue fugitive du prisonnier, costaud au crâne rasé, «*me touche pas, toi... j'peux marcher tout seul... j't'emmerde moi... enculé...*».

3. Retour en plan rapproché, toujours dans un halo de lumière, sur le visage du jeune homme qui regarde hors champ et écoute l'altercation qui se poursuit, «*...tu m'prends pour qui ?... ooh !...*». Il est hirsute, porte une barbe noire courte.

4. Plan rapproché d'un homme en cravate vu au travers d'un grillage. La caméra remonte vers son visage, derrière lui un gardien en chemise bleu lui ouvre la porte et la referme après son passage.

5. À travers la vitre sale, on voit la silhouette du gardien s'éloignant dans un couloir. Pendant ce temps les bruits d'altercation s'estompent.

6. Plein cadre et pleine lumière cette fois sur le visage du jeune homme en plan rapproché. On voit bien un hématome sous son œil droit. L'avocat, un homme de type arabe d'une quarantaine d'années : «*Tu m'écoutes, Malik ?*». Ils parlent arabe et français.

7. Plan rapproché face de l'avocat avec Malik en amorce à gauche :

– *J'ai pris six ans, c'est tout.*

– *T'es majeur maintenant. Tu vas passer ton temps en centrale. Tu vas faire ton temps chez les grands.*

La caméra recadre le visage détourné de Malik toujours curieux de ce qui se passe hors champ.

8. Plan sur l'avocat qui tend des papiers : «*Tu me signes là*».

9. Plan sur Malik (= 6) : « *C'est quoi, ça ?* »

L'avocat, hors champ : « *C'est pour l'aide juridique.* »

10. Gros plan sur l'avocat. Malik, hors champ : « *C'est de l'argent ?* »

L'avocat : « *Pour moi...pour me faire rembourser...tu signes là...* »

11. Sur Malik, plan un peu plus large laissant voir le mur gris de la cellule, les vitres sales de la porte : « *Du pognon pour toi ?* »

L'avocat, hors champ : « *Oui.* »

12. Gros plan de profil de l'avocat : « *Ça va ?* ». Puis la caméra recadre les papiers que l'avocat tend à Malik, et Malik lui-même qui a visiblement du mal à signer (il semble tracer une croix). Voix hors champ de l'avocat : « *Merci* ».

13. Enfin la caméra s'attarde sur Malik en profil gauche, il se tient la tête baissée, il semble accablé. L'ensemble a duré environ 2'20".

Fin.

1. Extérieur jour. Il fait beau. Plan rapproché en plongée sur les pieds de Malik foulant le sol devant la porte de la prison d'où l'on vient de le libérer. La caméra remonte le long de son corps et du sac plastique qu'il tient pour le prendre en plan épaule de profil gauche : il regarde vers sa droite, hors champ.

Une musique, amorcée à la fin de la séquence précédente, se poursuivra jusqu'à la fin de la présente séquence : il s'agit de la chanson *Mack the Knife* extraite *de L'Opéra de Quat'sous* de Kurt Weill et Bertold Brecht dans une version contemporaine (interprétée en anglais par Jimmie Dale Gilmore).

2. Raccord sur son regard : on voit dans un plan d'ensemble des hommes sortant de trois véhicules lui adressant des signes de reconnaissance.

3. Retour sur Malik, même angle de prise de vue, plan épaule. Il hoche la tête pour acquiescer puis porte son regard droit devant lui et sourit. Il est rasé de frais, bien peigné.

4. Plan rapproché d'une jeune femme assise sur un banc avec un enfant dans les bras. C'est Djamila (Leïla Bekhti), la femme de Ryad, l'ami et complice de Malik emporté par la maladie.

Elle se lève, la caméra accompagne son mouvement et montre Malik au fond de l'image, devant la porte de la prison : il se dirige vers la jeune femme. La caméra en un mouvement tournant les recadre en plan taille alors qu'ils se rejoignent. Ils s'embrassent sur la joue. Ils vont parler en arabe et en français.

Malik : « *Ça va ?* » (il taquine le bébé).

– *Il fait froid.*

– *Il crève. Pas un temps pour sortir, ça.* (Elle rit). *Tu es venue en bus ?*

– *Oui.*

– *Il passe quand le prochain ?*

– *Dans une demi-heure.*

– *On marche un peu ?*

– *Si tu veux.*

Ils se dirigent vers la droite du cadre, la caméra les accompagne et les prend de dos, bientôt en plan d'ensemble dans la perspective de la rue et des bâtiments de la ville au loin.

5. Raccord à 180°. Plan d'ensemble, le couple marche vers la caméra, la perspective est écrasée.

Djamila : *Tu sais où tu vas habiter ?*

– *Non.*

– *Si tu veux, tu peux venir à la maison. Je dormirai avec le petit et tu prendras sa chambre.*

– *J'veux pas vous déranger.*

– *Tu me déranges pas.*

Le petit désigne quelque chose vers la gauche du cadre.

Djamila : « *Le chat ?...c'est le chat ?...* »

Pendant qu'ils dialoguent, ils se rapprochent de la caméra. Dans l'espace vide laissé derrière eux une première voiture s'installe lentement et les suit, puis une deuxième et une troisième, par ordre croissant de volume. À la fin du plan on ne voit plus que le visage de Malik en gros plan, on devine les trois autos derrière, le plan s'interrompt au moment où il va sortir du cadre.

Le tout a duré environ 1'40".

Noir et générique de fin.

Le contraste est évidemment saisissant. À un Malik sale, blessé, enfermé, accablé, privé d'aide de la part d'un avocat apparemment inefficace, et dont l'avenir s'énonce en six ans de centrale avec des « grands » dont on a pu voir et entendre un représentant, s'oppose un jeune homme frais, libre, attendu par des amis, accueilli par une jeune femme hospitalière.

Les premiers plans du film se distinguent par l'économie de moyens et la densité de l'atmosphère : ils fournissent, par le dialogue – pourtant très bref – les sons et les images, beaucoup d'informations (sur le lieu – un lieu de détention –, le personnage – son âge, sa situation, ses origines ethniques, son niveau culturel –), amorcent des événements à venir (ses futurs rapports avec les « grands » de la centrale, son alphabétisation, ses rapports à l'argent), installent d'emblée des éléments d'ambiance (violences verbales et physiques, enfermement, impression d'être constamment sous surveillance, guetté). Le « programme » narratif est clairement posé ainsi que ses enjeux : que va devenir Malik ? Comment va-il vivre ces six années de prison ? La fragilité du personnage, la faiblesse apparente de ses ressources internes et externes font craindre le pire. Mais elles tendent aussi à induire quelque sympathie pour le personnage.

Les derniers plans opposent aux premiers la lumière solaire de l'extérieur à l'ombre, voire le noir, de la prison, les signes de reconnaissance et d'amitié aux violences ou à l'indifférence, une image apaisée et heureuse de Malik à sa détresse initiale. Réponses positives, par conséquent, aux questions que l'on se posait au début : la prison n'a pas détruit Malik, elle semble même l'avoir construit. Mais, aux yeux du spectateur qui a suivi l'itinéraire de

Malik durant ces années d'emprisonnement, et qui l'a vu en effet beaucoup apprendre et se transformer (*Un prophète* est bien un récit de formation et d'initiation), ces derniers plans sont chargés d'ironie. Malik a bien appris à lire et écrire, a su exploiter son don pour les langues en s'initiant à la langue corse, a connu l'amitié (avec Ryad), mais il a surtout développé son audace et sa ruse, appris à tuer (avec une lame de rasoir), à trahir et s'est essentiellement initié à la corruption, à la servilité feinte, ainsi qu'à des trafics divers dont celui de la drogue, au niveau international. Ce garçon frais, charmant et apparemment modeste (« J'veux pas vous déranger » : le visage sympathique de l'acteur choisi est à cet égard remarquable) n'est pas accueilli par des amis mais par des membres de gangs dont il s'apprête à être le leader et par la veuve de son ami Ryad, lequel, avant d'être emporté par la maladie, a participé à ses coups meurtriers. On peut supposer que Malik ne va pas tarder à le remplacer dans le lit de Djamila.

Le dernier plan du film est magistralement synthétique. La focale utilisée permet de faire entrer dans l'image le couple dialoguant puis les trois grosses autos sombres qui suivent Malik (on pense à un convoi funèbre inversé) et indiquent la perspective de son avenir : grand banditisme, argent ostentatoire, morts violentes. Le regard du spectateur sur Malik se trouve modifié. L'échelle des plans, par rapport aux plans rapprochés et aux gros plans du début, instaure d'ailleurs une plus grande distance à l'égard du personnage. Le passage du plan 3 au plan 4 est à cet égard intéressant : alors qu'on pourrait d'abord croire à un second raccord regard, le mouvement de caméra recadre le personnage à distance, brisant ainsi le processus d'identification du spectateur.

La « morale » du film apparaît dans toute sa complexité : voici comment un petit délinquant (s'il avait écopé de six ans de détention, c'est qu'il avait agressé un policier) s'est transformé en un baron de la drogue. Ou encore : voici comment la prison a transformé un petit délinquant en futur baron de la drogue. La chanson entendue tout au long de la séquence contribue à placer celle-ci sous le signe de l'ironie, voire du cynisme : rappelons que Mackie, dans *L'Opéra de Quat'sous* (celui de Brecht et Kurt Weill à la fin des années 20 ou celui des deux versions du film de G. W. Pabst en 1931), est un prince de la pègre londonienne et que l'œuvre entière dénonce les complicités entre la pègre, la police et la haute finance pour saigner la société.

L'itinéraire et le destin individuels de Malik, que la caméra n'a pratiquement pas quitté tout au long du film, prennent ici une signification emblématique de la confusion des valeurs d'une société.

Alors que les premiers et derniers plans du *Jardin des Finzi-Contini* prennent acte d'un désastre historique en quelque sorte irréparable et qui s'est caractérisé notamment par la destruction d'une jeunesse, le début et la fin d'*Un prophète* nous invitent à observer, mais au présent, un processus de construction d'une autre jeunesse, lui aussi désastreux.

ENCADRÉ 5 : POUR L'ANALYSE D'UN GÉNÉRIQUE DE FILM. QUELQUES PARAMÈTRES À PRENDRE EN COMPTE

1. L'existence, l'extension, la place du générique

– Y a-t-il un générique ?
– Est-il situé au début ou à la fin du film ?
– S'il existe un générique de fin (cas général aujourd'hui), existe-t-il aussi un générique partiel au début, donnant quelles informations ?
– Importance (durée, quantité d'informations) du générique.
– Le générique est-il précédé de quelque chose : mentions écrites, prégénérique, etc. ?
– Y a-t-il alternance entre éléments de générique et éléments séquentiels ?

2. Les formes du générique

– Générique écrit, générique parlé, générique mixte.
– Sur fond neutre, sur fond d'image(s) fixe(s), sur fond d'images mouvantes (figuratives ? non figuratives ? mixtes ?).

3. Les informations apportées par le générique

– Identifier les rôles et les statuts des personnes nommées : instances de production, producteurs, acteurs, réalisateur, scénariste, monteur, et divers postes techniques.
– Autres informations : lieu de production, de tournage, année de production, origines de la bande sonore, sponsors éventuels, etc.
– Observer les informations importantes : y a-t-il cumul de certains rôles (acteur et réalisateur, acteur et producteur, producteur et réalisateur, scénariste et réalisateur, acteur-producteur-scénariste-réalisateur, etc.) ?
– Y a-t-il des informations manquantes, lacunaires, sujettes à caution, égarantes ?

4. La hiérarchie des informations et des personnes

– Comment les personnes nommées sont-elles ou non hiérarchisées par le générique : ordre de présentation, grosseur des lettres ou autres modes de valorisation, noms isolés/noms groupés, mention spéciale (du type : « avec la participation de… »), etc.

5. Le contenu audiovisuel : le générique comme « ouverture » du film

– Les motifs musicaux ou sonores.
– Les motifs visuels comme indicateurs : 1. de genre (film noir, western, comédie, etc.) ; 2. de contenu narratif ou dramatique (ouverture thématique générale : lutte, amour, suspense, sensualité, tragédie ; ouverture symbolique, figurative ou abstraite : voir *Le Faucon maltais*, avec la statuette maléfique, ou les spirales de Saül Bass pour *Vertigo* d'Alfred Hitchcock) ; 3. de réflexivité : le film se désigne comme film (voir *Le Mépris* de J.-L. Godard, *La Splendeur des Amberson* d'Orson Welles, les génériques de Sacha Guitry), ou désigne certains aspects de sa fabrication (l'adaptation littéraire, par exemple : *Les Deux Anglaises et le Continent* de F. Truffaut).

6. Le titre du film

– Sa place dans le générique.
– Ses liens avec les informations audiovisuelles.
– Les informations qu'il apporte, directement ou indirectement (connotations), sur le contenu ou la forme du film.
– L'horizon d'attente qu'il instaure pour le spectateur, sur les plans narratif, sémantique, symbolique.
– Ses ancrages culturels éventuels.

2.3 *Mulholland Drive* (2001), David Lynch

Début.

Nous ne retranscrirons pas cette fois le détail des séquences.

Sur fond visuel noir et fond sonore sombre et continu on voit paraître les mentions « *Alain Sarde presents* », puis « A Les Films Alain Sarde/Asymmetrical Production », puis « *A film by David Lynch* ».

La musique change, c'est une sorte de rock-swing style années 1950, on voit d'abord brièvement des ombres sur un fond violet, puis des couples de jeunes danseurs se précisent sur ce fond, leurs ombres se profilant sur le fond violet, les couples semblant se dédoubler (on peut en compter de six à douze) dans le mouvement vif de la danse et de la succession quasi imperceptible des plans. Une forme blanchâtre gagne l'image par le bas, se superposant aux danseurs. S'y dessine bientôt le visage radieux d'une jeune femme prise en contre-plongée, entourée d'un homme et d'une femme âgés et souriants. On entend des applaudissements.

Noir, forme floue, imprécise, rougeâtre, parcourue par un travelling, on distingue des draps rouges sur un lit, une couverture jaune, on entend le bruit d'une respiration.

Sur un ciel nocturne, un mouvement de caméra approche un panneau de signalisation. La mention « Mulholland Dr. » est éclairée par flashes blancs. Entrée de la musique, lente et sombre, surgissement lent d'une auto dans la nuit, les noms des acteurs commencent à apparaître un par un et se succèdent sur des plans d'ensemble des lumières de Los Angeles et de l'arrière de l'auto glissant dans la nuit. Le générique prend fin avec les mots « *Written and Directed by David Lynch* ». On enchaîne directement sur l'intérieur de l'auto et la suite de la séquence qui montrera la tentative de meurtre, l'accident de voiture, l'errance de Camilla jusqu'à l'immeuble de Sunset Bd.

Fin.

Image d'abord obscure, rougeâtre, la caméra glisse le long du mur de brique du « Winkie's » et vient rejoindre le sdf crasseux assis dans l'arrière-cour et manipulant la boîte bleue. Il met la boîte dans un sac en papier froissé et le pose. Gros plan sur l'ouverture, béante, du sac : en sortent deux minuscules personnages, le couple âgé du début du film.

Image de l'intérieur de la chambre de Diane, la caméra glisse sur le rebord de la table basse où se trouve la clé bleue, recadre Diane qui regarde la clé. Diane en peignoir prostrée devant la table basse. Coups violents frappés à la porte. Regard angoissé de Diane sur lequel raccorde l'image du bas de la porte d'entrée de la chambre par où se glissent les deux minuscules personnages. Gros plan de l'œil de Diane, terrorisée. Série de plans accompagnés de cris, hurlements, éclairs de lumière bleue, musique stridente, on aperçoit Diane essayant de repousser le couple, qui a repris sa taille normale, de le fuir. Elle se précipite vers son lit, ouvre le tiroir d'une commode, s'empare d'un pistolet, on entend la détonation, un éclair bleu plus long laisse voir Diane sur le lit, des fumées qui envahissent la chambre de l'intérieur et de l'extérieur, par la fenêtre.

Fumée, musique ample, apaisante, en contre-jour image sombre du visage du sdf, puis image des lumières de Los Angeles sur laquelle se surimpressionne, en formes blanches analogues à celles du début du film, le visage souriant de Diane (Betty ?) avec Rita (Camilla ?) coiffée de sa perruque blonde.

Les rideaux tournent au rouge : on voit la salle du théâtre *Silencio*, la femme à la perruque bleue ; elle dit : « *Silencio* ».

Commentaire. Pour résumer les traits marquants de ce début et de cette fin de film, nous dirions : déréalisation, discontinuité, énigme, prépondérance du langage des formes visuelles et sonores.

Dès les premières images, l'univers présenté n'est pas réaliste : il n'y a pas de salle de danse, mais un fond coloré sur lequel ombres et corps s'agitent et se démultiplient. Les formes blanches surgissent de nulle part, fantomatiques. Dans la dernière partie du film, Diane (Betty ?) fournit une « explication » à ces images : elle a remporté naguère un concours de danse au Canada qui lui a permis de venir courir sa chance à Hollywood. Mais cela n'explique pas l'étrangeté formelle de ces images. La fin du film peut laisser penser qu'elles sont subjectives : ce seraient des images-souvenirs, relayées par des images-hallucinations (les personnages minuscules, le sdf effrayant) émanant du psychisme de Diane, dévasté par la passion et la culpabilité (la présence de la clé indique que le contrat de meurtre à l'encontre de Camilla, commandité par Diane, a été mené à bien), et la conduisant au suicide. Mais, à moins de postuler que le psychisme de Diane continue de générer des images après sa mort (ce que suppose l'interprétation selon laquelle la première partie du film est le rêve de Diane agonisante), les changements de points de vue, les discontinuités narratives semblent indiquer la présence d'une instance extérieure qui nous conduit du concours de danse à l'auto glissant dans la nuit, de l'extérieur du *Winkie's* à l'intérieur de la chambre de Diane au théâtre Silencio. Le plan de Diane allongée sur son lit après la détonation est emblématique : Diane y est vue en plan d'ensemble, des fumées envahissent l'espace de l'intérieur et de l'extérieur, par les fenêtres soudain ouvertes. La forme du film ne cesse de relancer la même question : déterminons-nous ce qui nous arrive par nos rêves ? nos rêves viennent-ils de nous ou sont-ils imposés par des puissances extérieures ? Le dernier mot, « silencio », semble nous intimer de ne pas chercher de réponse à cette énigme.

Mulholland Drive immerge le spectateur dans un univers de formes colorées et de sons. Des formes blanches apparaissent, se précisent, disparaissent, reviennent ; des couleurs (le rouge et le bleu) semblent se disputer l'emprise sur l'image et sur les personnages, la musique (Angelo Badalamenti) et les sons investissent les perceptions du spectateur. La résolution des éléments narratifs du film est à la fois possible (Diane a échoué sur toute la ligne à Hollywood – carrière, amour – et s'y est perdue – crime, suicide), hypothétique (quelles forces ont gouverné ces actes, ces rêves ?) et lacunaire (qui est ce couple âgé ? qu'est-ce que ce théâtre Silencio, qui invite à des interprétations symboliques ?). Chaque séquence installe le spectateur dans une ambiance visuelle et sonore différente, ambiance de *musical*, de film noir, de film d'horreur, ailleurs de comédie, de parodie de *thriller*, de film sentimental. De même que Betty/Diane ou que Rita/Camilla frappée d'amnésie, le spectateur est entraîné dans un labyrinthe fertile en sensations mais dont le sens (aux différentes acceptions du terme) lui échappe.

3. Étude d'un plan-séquence : *A History of Violence*, David Cronenberg (2005)

Nous analysons ici la première séquence du film qui dure environ 5'30" et se compose en fait de 13 plans dont seul le premier, du fait de sa durée (presque 4') et de son unité, relève du plan-séquence (de sous-séquence, devrait-on dire, pour être plus rigoureux).

3.1 Description de la séquence

Plan 1. Extérieur jour. Plan moyen d'une porte fermée de chambre de motel, en rez-de-chaussée. Le soleil éclaire le mur. À droite une chaise vide contre ce mur. Déplacement latéral de la caméra vers la droite, recadrage de la porte suivante qu'un homme (A) ouvre de l'intérieur. Vêtu d'un costume et d'une chemise foncés, il porte barbiche et moustache, peut avoir 45 ans ; il porte un sac, sort sur le pas de la porte, hume l'atmosphère. Derrière lui un homme (B) plus jeune (25 ans ?), T-shirt blanc et jean bleu, allume une cigarette. Les premiers mots du générique se superposent en lettres discrètes, en bas à gauche de l'écran. A sort du cadre vers l'avant droit de l'écran, B observe un temps d'arrêt devant la porte de la chambre, remet une chaise droite contre le mur, avance, maussade, avec un sac en bandoulière, un autre à bout de bras. La caméra recule avec son mouvement, le cadre à la taille, recule encore avec un mouvement vers la gauche de l'écran et recadre une voiture décapotable bleue avec des sièges de cuir blanc. La caméra s'immobilise de l'autre côté de la voiture, cadrant en plan d'ensemble les deux hommes derrière l'auto. Le titre du film, *A History of Violence*, apparaît.

Début du dialogue :

B- *On poursuit vers l'est ?*

A- *C'est ce qui est prévu.*

B- *On évite les grandes villes.* A approuve.

B- *Je suis fatigué.*

A- *Oui... moi aussi.* Il sort les clés de voiture de sa poche et les donne à B.

A- *Tiens, amène-la devant la réception... je vais régler.*

B- *Oui.* Il sort la clé de la chambre et la donne à A. Celui-ci se tourne et se dirige vers l'arrière du champ. B s'installe au volant, A sort du cadre au fond à droite. B allume la radio, met le contact (le nom de Howard Shore, le compositeur de la musique du film, apparaît en bas à droite de l'écran), la voiture avance lentement vers la droite, un court instant, la caméra l'accompagne en un mouvement latéral, s'immobilise avec l'auto devant la porte de la réception. B coupe la radio, laisse aller sa tête d'un air las contre le repose-tête, bruits ambiants, légers (auto, oiseaux). La porte du bureau s'ouvre, A en sort, jette quelque chose (un chiffon ?) dans la poubelle à côté de la porte, s'approche de la voiture, léger recadrage, B se glisse à la place du passager, A, devant l'auto, ôte sa veste, relève ses manches de chemise.

B- *Qu'est-ce qui t'a pris tout ce temps ?*

A- *Rien... la femme de chambre m'a donné du fil à retordre... mais tout est arrangé maintenant.* Il ouvre la portière, s'assied au volant.

A- *Putain... 8 heures et il fait déjà si chaud.*

B- *Ouais.*

A- *Est-ce qu'on a assez d'eau ?*

B- *Probablement pas.* A extirpe un bidon de plastique vide de sous le tableau de bord.

A- *En effet.* Il regarde B, lui balance le bidon sur les genoux. Silence.

A- *Il y a une glacière au fond de la réception.* B replace sa cigarette entre ses lèvres et sort de l'auto, résigné. La caméra l'accompagne vers la gauche, cadré à la taille, il contourne l'auto, lance un regard peu amène vers son compagnon, la caméra le suit de dos, il jette sa cigarette, gagne la porte du bureau, l'ouvre, entre, la porte se referme.

Plan 2. Le plan raccorde sur le mouvement de B. Intérieur jour, bureau de la réception. B entre, cadré épaule, de côté, s'approche du téléphone mural, vérifie s'il ne traîne pas une pièce de monnaie, approche le comptoir de réception, actionne un tourniquet de cartes postales, longe le comptoir, sort du cadre vers la droite, la caméra se rapproche du comptoir sur lequel on voit une large trace de sang et derrière lequel on aperçoit le corps ensanglanté d'un homme mort affalé sur une chaise. La main de B réapparaît dans le champ pour appuyer sur la sonnette du comptoir, il sonne, la caméra le recadre vers la droite de dos, en plan d'ensemble, il s'approche de la vitrine réfrigérée, avec le bidon à la main, il y prend une canette de boisson, se dirige vers la gauche, la caméra recadre dans le mouvement un chariot de ménage que B écarte de la main pour accéder au distributeur d'eau glacée et l'on découvre en plongée le corps de la femme de chambre étendu dans une mare de sang et, en amorce à droite, la jambe et la main de l'homme mort, avec une flaque de sang au pied de sa chaise.

Plan 3. Plan rapproché de la jambe de B et de ses mains actionnant le robinet du distributeur pour remplir le bidon. En arrière-plan, une porte fermée.

Plan 4. Contre-plongée sur le distributeur éclairé et B cadré taille, regardant vers sa droite, vers le fond.

Plan 5. Comme le 3 : la porte s'ouvre. Apparaît une petite fille tenant dans ses bras une poupée. Léger gémissement ou sanglot étouffé.

Plan 6. Comme le 4 : B se retourne (raccord sur le son), surpris : « *Hey...* »

Plan 7. Plan plus rapproché de la petite fille, raccordé sur le regard de B. Expression effrayée, petits gémissements.

Plan 8. Comme 4 et 6. B se penche vers l'avant, la caméra accompagne ce léger mouvement. B a un geste du bras vers son dos.

Plan 9. Raccorde sur ce geste. Plan rapproché du bas du dos de B, sa main saisit un pistolet glissé dans sa ceinture.

Plan 10. Plan rapproché de B, de face, gémissements hors champ, B met son doigt sur sa bouche : « *Chut...*»

Plan 11. Comme 7. La petite fille caresse sa poupée, regarde vers le bas (le pistolet ?).

Plan 12. Comme 10. Toujours le doigt sur la bouche, B a un geste du bras droit vers l'avant.

Plan 13. Plan plus rapproché du visage de B, flou, le pistolet apparaît dans le champ, net, braqué dans la direction de la petite fille. Détonation.

La séquence suivante raccorde *cut* avec le cri d'une autre petite fille dressée sur son lit.

3.2 Commentaire

Le plan 1 se caractérise par sa durée, sa lenteur, l'alternance entre mouvements et moments d'arrêt de la caméra. Autant le célèbre plan-séquence qui ouvre *La Soif du Mal* d'Orson Welles est nocturne, vif, accompagné d'une musique trépidante, complexe, couvrant un espace ample (une ville frontière), chargé de suspense (une bombe posée dans le coffre d'une voiture menace d'exploser), autant le plan 1 du film de Cronenberg, également inaugural, est ensoleillé, languissant – à l'image des deux hommes fatigués –, couvrant une petite portion d'espace, très progressivement chargé de menace, de violence latente, non dénué d'ironie. Comme si ce plan manifestait à lui seul l'évolution du film noir américain, entre 1958 et 2005 : le décor n'est plus nécessairement urbain et nocturne, l'intrigue semble s'ancrer dans la banalité du quotidien, le ton oscille du sérieux à la distance humoristique, les violences en seront d'autant plus impressionnantes.

L'ensemble de la séquence procède par accélération : le plan 1 dure un peu moins de 4 mn, le plan 2 quelque 50 secondes, les 11 plans suivants se succédant en moins de 45 secondes pour aboutir à la détonation après la « surprise » constituée par l'apparition de la petite fille. Trois actes, en somme : la présentation des personnages (plan 1), la mise en place de la situation horrifique (plan 2), le tournant et l'action violente (plans 3 à 13) légitimant d'ores et déjà le titre du film. La séquence procède aussi par contrastes entre le plan 1 et les suivants : extérieur et soleil/intérieur et lumière artificielle, atmosphère languissante de lever matinal/montée de violence, bleu et blanc pimpants de l'auto/bleu des jeans et rouge sombre du sang, dialogue/silences et gémissements.

Les mouvements courts et les arrêts de la caméra reflètent le rythme d'un lever difficile, mais ils s'attardent aussi à la mise en valeur des deux personnages, comme placés à distance, donnés à voir au spectateur dans leurs légers ridicules et dans leur aspect inquiétant (ne serait-ce que parce que leur entrée dans le champ coïncide avec l'apparition du titre du film). Une certaine tension s'instaure entre le champ et le hors-champ, lorsque A va « régler » la note. Ce plan 1 n'est pas fait pour entraîner le spectateur dans un mouvement (comme celui évoqué de *La Soif du Mal* ou comme le plan-séquence virtuose – d'ailleurs truqué puisque composé à partir de plusieurs prises – du début de *Snake Eyes* de Brian De Palma), mais pour amplifier une atmosphère (chaleur, fatigue) et installer un sentiment de menace (Qui sont ces individus ? Pourquoi évitent-ils les grandes villes ? Que fait A à la réception pendant que B l'attend ?). Assistant au spectacle de ces deux individus à la fois conformes et non conformes à l'image de tueurs (pour des figures analogues, voir *Pulp Fiction* de Q. Tarantino ou *Mulholland Drive* de D. Lynch), on observe des notes d'humour réflexives (mention du compositeur Howard Shore lorsque B allume la radio, pour l'éteindre aussitôt), virant ensuite au noir (la main actionnant la sonnette du comptoir). La caméra manifeste sa relative indépendance à l'égard des mouvements des personnages : en les laissant sortir du champ, en recadrant des portions d'espace informant le spectateur sur ce qui se passait hors champ pendant que B attendait A. Là encore, humour noir : le mouvement découvrant, au plan 2, les corps ensanglantés de la femme de chambre et du gérant du motel répond complètement à la question de B, au plan 1, en explicitant les réponses de A.

La séquence est informative, pose des jalons narratifs pour la suite : on retrouvera ces deux hommes dans une petite ville (où l'on verra qu'ils ne sont pas seuls à éviter les grandes), chargés d'un considérable potentiel de violence ; on retrouvera aussi une autre petite fille menacée. Cette ouverture fait brutalement basculer le film d'un programme narratif anodin (plan 1 : quitter un motel de bon matin, régler la note, aller chercher de l'eau) à un autre, ouvert par l'extrême violence du meurtre d'une enfant, caractéristique du film noir.

4. Analyse d'un plan : *Rebecca*

Le plan intervient à l'arrivée du couple à Manderley, au début de l'acte II. La jeune femme découvre à la fois son nouveau cadre de vie et le personnage de Mrs. Danvers. Il s'agit précisément du quatrième plan de l'intérieur du manoir, le deuxième qui dévoile l'espace du hall. Le premier est un plan de semi-ensemble, celui-ci est un plan d'ensemble, le seul d'une scène qui compte par ailleurs au contraire un grand nombre de gros plans. Ceci montre que les personnages, bien plus que l'espace physique concret, occupent l'image. Le plan analysé est précédé d'un plan rapproché et immobile du couple, qui met en valeur le regard surpris de Maxim et celui, paniqué, de la jeune femme à la vue du groupe de domestiques. Il est suivi d'un plan américain du couple en train d'avancer (la caméra décrit un travelling arrière), avec la même expression sur le visage.

Durée du plan : 2 secondes.

Situation du plan : intérieur-jour.

Mouvement de caméra : caméra fixe.

Profondeur de champ : les personnages (couple et domestiques) apparaissent tous très nettement, l'image présente une grande profondeur de champ.

Personnages dans le champ :

– Groupe de domestiques au milieu du grand hall, immobile, 3/4 face.

– Maxim et sa jeune épouse qui avancent et descendent quelques marches, 3/4 dos (ils sont placés du côté gauche du cadre).

Son :

– Absence de dialogue.

– Présence d'une musique illustrative : thème musical à la trompette, sur fond orchestral, rappelant les mélodies moyenâgeuses accompagnant l'entrée du couple et insistant sur le caractère cérémonieux de la situation.

Description du décor : au premier plan à gauche, grand bouquet ou pot de fleurs (que rappellera plus tard le bouquet de la chambre de Rebecca), puis en longeant par la gauche, trois chaises adossées au mur, une immense cheminée formant une masse sombre, une très haute ouverture atteignant pratiquement le plafond, en forme d'arche, source lumineuse de la pièce. Nous arrivons à l'angle de la pièce, et aux deux tiers du champ (la caméra est située à l'angle opposé). Le mur du fond est légèrement moins net : on distingue néanmoins une ouverture du côté droit, également en forme d'arche, moins lumineuse.

On peut schématiser le plan de la façon suivante :

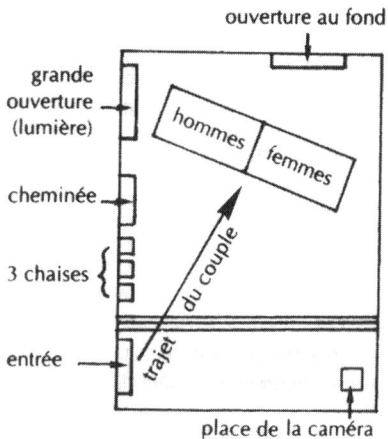

Ce plan d'ensemble a une double vocation : descriptive tout d'abord dans la mesure où il intervient à l'arrivée du couple au manoir, cadre central du récit. À ce titre, on retiendra avant tout les dimensions colossales de ce hall ainsi que l'âge de la bâtisse. Mais globalement, le décor, dans ses nuances de gris mat et terne, n'est guère mis en valeur.

Si ce plan apparaît dans la logique d'un raccord de regard (il comble notre désir de voir ce que regarde le couple au plan précédent), on remarquera toutefois que la caméra a pris subitement du recul. Deux conséquences : d'une part, le plan n'est pas subjectif, la vue n'est pas médiatisée par des regards diégétiques, ce qui installe d'emblée une distance. D'autre part, il définit une vaste aire de jeu dans laquelle le couple est invité à pénétrer pour participer pleinement à l'action.

Dès lors, on comprend que ce plan n'a pas qu'une mission descriptive et que la confrontation du couple à la barrière de domestiques en est l'enjeu principal. Mais sans doute y aurait-il lieu, ici, de s'interroger sur la frontière entre décor et « corps ». En effet, ces hommes et ces femmes en uniformes, non individualisés, muets, immobiles, figés, ne font-ils pas partie du décor ? Le groupe, qui fait corps avec les murs, ressemble à un tableau placé là depuis toujours, un tableau étrangement animé toutefois par des regards impressionnants, hypnotiques, désincarnés, témoins d'une époque ancienne.

Par ailleurs, il est disposé d'une manière très étudiée : les femmes à droite, les hommes à gauche. Hommes et femmes se distinguent par leurs tenues vestimentaires : les premiers portent un costume noir et un col blanc, les secondes soit un costume blanc, soit un chandail noir recouvert d'un tablier blanc, de sorte que le blanc domine très largement. Elles forment une masse claire, écho de la tache lumineuse.

Cette mise en scène, nous l'avons appris au plan précédent de la bouche de Frith, est l'œuvre de Mrs. Danvers (nous avons vu ailleurs l'importance de la théâtralité de cette scène ainsi que d'autres). Or, cette image prépare la première apparition de la gouvernante qui a lieu deux plans plus loin : son costume noir et son col blanc la situent clairement du côté des hommes, non des femmes. Elle viendra d'ailleurs se poster devant le groupe d'hommes. Dès son entrée, elle incarne donc l'image de l'autorité, et évacue toute marque de féminité.

5. Images-traces et images de synthèse : *Under the Skin* (Jonathan Glazer, 2014)

Au cinéma, les images numériques renvoient à différents phénomènes qu'il convient de distinguer. On exclura *a priori*, dans le cadre d'une réflexion sur l'analyse, une première acception désignant des images filmées au moyen de caméras numériques ou enregistrées sur pellicule puis numérisées, autrement dit des images dématérialisées et dont la dimension numérique ne concerne que le support. Ces images n'appellent aucune approche analytique particulière.

Les images numériques désignent par ailleurs les images dites « de synthèse », partiellement ou intégralement générées par des programmes informatiques, en l'absence de profilmique[1], sans référent dans le monde réel. On pense notamment aux techniques du morphisme ou *morphing*, permettant, par une déformation progressive, le passage, souple et continu, à l'intérieur d'un même plan, d'un objet ou d'un corps à un autre[2]. On pense également à la synthèse réplicative, consistant à créer numériquement des images d'objets reconnaissables du monde réel, ou encore à l'imitation des mouvements de caméra. Les images numériques désignent enfin toutes sortes d'images retouchées grâce à des traitements informatiques, ainsi que les images dites « composites », comportant des éléments qui, à aucun moment, ne se sont trouvés ensemble devant une caméra et dont le traitement numérique a permis l'assemblage.

Dans un premier temps (années 80), ces images nouvelles étaient très visibles et reconnaissables car, le plus souvent, exhibées, leur fonction première étant de produire un certain type de sensations et ainsi de satisfaire une curiosité et procurer un plaisir

---

1 On appelle « espace profilmique » la portion d'espace concret et réel ainsi que l'ensemble des éléments de décor, des accessoires, des acteurs qu'elle contient. Cette notion est proche de celle de « référent photographique » proposée par Roland Barthes.

2 Voir par exemple la transformation du visage de Rose, jeune, interprétée par Kate Winslet en celui de Rose très âgée, incarnée par Gloria Stuart dans *Titanic*, James Cameron, 1997.

d'ordre purement technologique[1]. C'est le cas notamment de *Tron*, film de science-fiction de Steven Lisberger (1982), souvent cité comme le premier film comportant des séquences retravaillées par ordinateur, ou encore du film d'animation pour enfants *Toy Story* de John Lasseter (1995), premier long-métrage entièrement réalisé en images de synthèse (qui connaîtra en 2010 une version en 3D). Mais à partir des années 90, les images de synthèse ou traitées numériquement se banalisent, leurs usages se multiplient et surtout, elles ne sont plus l'apanage des films d'animation, de science-fiction, fantastiques ou spectaculaires. En témoigne le film historique d'Eric Rohmer, *L'Anglaise et le duc*, pour lequel le réalisateur a fait peindre les extérieurs dans le style des tableaux de l'époque. Ces toiles ont ensuite été intégrées au film grâce à la technique de l'incrustation numérique, donnant l'impression – telle était l'intention de Rohmer – que les personnages sortent d'un tableau.

Le traitement numérique de l'image fait désormais partie intégrante du langage des images. Si le plaisir de la technologie pure n'a pas disparu (notamment avec les films en 3D nécessitant le port de lunettes et produisant un effet d'immersion du spectateur dans le monde représenté à l'écran), certaines images traitées numériquement se montrent si discrètes qu'il est parfois difficile voire impossible pour le spectateur de les distinguer d'images de prise de vue réelle. Dans ces conditions, leur analyse ne diffère en rien de celle des images filmées. De façon générale, il n'existe pas une méthode d'analyse réservée aux images conçues numériquement. On peut toutefois mentionner, lorsque le traitement numérique est apparent, les difficultés de description auxquelles l'analyse est confrontée : comment, par exemple, décrire des images abstraites ? Comment rendre compte avec précision de la texture des images, de leur artificialité, de leur plasticité qui joue ici un rôle de premier ordre ? Il s'agit d'user d'un vocabulaire approprié, de

---

1 Voir, par exemple, la notion de « film-concert » telle qu'elle est définie par Laurent Jullier dans *L'Ecran post-moderne*, Paris, L'Harmattan, 1997.

trouver les mots capables de décrire des phénomènes que le savoir scientifique ou les connaissances techniques peinent à traduire en termes d'effets. Par ailleurs, même si ce n'est nullement systématique, il arrive qu'à partir de ces images artificielles, se dégagent de véritables pistes de réflexion, liées à la matière même des images. C'est le cas de *Melancholia* (Lars von Trier, 2010) ou, dans un tout autre registre, de *Bird People* (Pascale Ferran, 2014). C'est le cas également de *Under the Skin* (Jonathan Glazer, 2014), dont nous proposons de commenter quatre séquences dans lesquelles le traitement numérique est à la fois très visible et très signifiant.

Ce dernier raconte le séjour, dans l'Ecosse contemporaine, d'une extraterrestre à l'apparence humaine. Sa féminité et son *sex-appeal* (portés par l'actrice Scarlett Johansson) lui servent d'armes pour aborder, dans les rues d'Edimbourg ou de ses faubourgs, des hommes rencontrés au hasard, de les séduire au volant de sa camionnette blanche, de les attirer et de les conduire dans un monde inconnu, noir, brillant, liquide, d'où ils ne reviennent pas. Un mystérieux motard sert d'adjuvant dans cette mise en scène de la prédation. À quoi bon tout cela ? Le récit ne le précise pas. Comme dans le film anglais *Elephant* (Alan Clarke, 1989), la mort se répand mystérieusement en dehors de tout système causal.

Ces activités prennent fin lorsque cette « femme » fait monter, à bord de son véhicule, un homme au visage monstrueusement déformé par la maladie, et qu'elle décidera d'épargner (il sera rattrapé par le motard). Commence alors le second mouvement du film. La femme extraterrestre quitte la ville pour la campagne où elle tente un vain cheminement vers l'humanité. Cherchant à imiter les humains, elle se heurte à ce qu'elle est réellement, au-delà des apparences : un corps sans organes. Elle ne peut ni manger ni faire l'amour avec l'homme qui la recueille. Condamnée à la solitude et à l'errance, elle rencontre dans la forêt un homme qui, voulant la violer, la blesse et découvre ce qu'elle dissimule sous sa peau. En proie à l'effroi, il l'asperge d'essence et la brûle.

Ce film ne raconte donc pas une guerre des mondes ni ne se pare du folklore de la science-fiction. Son propos est plus abstrait, plus philosophique et plus métadiscursif. En confrontant directement les images les plus réalistes (pour certaines, très peu narratives) de l'Ecosse d'aujourd'hui et celles de personnages et de lieux artificiels, il pose la question de l'apparence et de la perception, de la matière des corps, des lieux et des images. Ces questions travaillent de façon égale le contenu du récit et la nature des images qui le produisent : images tournées au moyen de caméras, images de synthèse, fabriquées ou retravaillées numériquement. Ces dernières, peu nombreuses au regard du film entier et peu nombreuses dans le cadre d'un film de science-fiction, prennent un relief particulier du fait même du contraste très puissant qu'elles produisent au contact des images réalistes.

Séquence d'ouverture : fabrication de l'œil

Après un très court et très sobre générique de début (noms des producteurs, du réalisateur et de l'actrice), l'image demeure noire et silencieuse seize longues secondes durant. Le film semble ainsi sortir d'une nuit profonde, d'une sorte de néant. C'est la musique qui rompt d'abord le silence, puis c'est un point lumineux qui fait son apparition au centre de l'écran dix secondes plus tard, comme pour contrarier l'obscurité et signifier la naissance d'un monde. Cette petite tache aveuglante est d'abord un mini-soleil qui diffuse sa lumière et permettra de percevoir des formes, c'est aussi ce qui deviendra l'organe même de la vue : pas de monde (et de la même façon pas de film) sans un œil pour le regarder, pas de regard sans lumière.

Il faudra cinq longs plans, entièrement en images de synthèse (excepté le dernier), non directement figuratifs (mais très évocateurs : on perçoit très tôt la structure géométrique d'un globe oculaire, mais on devine aussi des planètes en mouvement ou encore l'assemblage de pièces d'un vaisseau spatial) pour qu'apparaissent finalement un iris et une pupille bien vivante, qui se dilate et se rétracte. Ces cinq plans, coiffés d'une musique elle aussi synthétique, représentent ainsi, sans intervention d'aucun agent autre que l'image elle-même, le passage de formes abstraites en mouvement à l'image figurative de l'œil. Vient ensuite un carton mentionnant le titre du film[1], puis, immédiatement après, trois plans, que l'on qualifiera de réalistes et descriptifs, d'un torrent de montagne au milieu d'un paysage nocturne semi-enneigé.

Plutôt que de donner à voir les étapes de la fabrication du personnage dans sa totalité, l'image procède par synecdoque : c'est l'œil qui fait le personnage. Le film, d'emblée, fait de cette créature une figure de spectateur. En mettant face-à-face, dans un rapport spéculaire, l'œil du spectateur et l'œil sur l'écran, cette entrée dans la fiction indique le double propos du film qui s'apprête à raconter une histoire tout en mimant l'activité spectatorielle[2]. De longues séquences montrent ensuite la femme au volant de son véhicule, contemplant les rues de la capitale écossaise et suivant du regard les gens qui arpentent ces rues à pied. Dans ce dispositif, le pare-brise fait office d'écran. Précisons que ces plans ont été filmés à la manière d'images documentaires, prises au hasard, au moyen de caméras cachées. Elles se situent ainsi à l'opposé des images de synthèse, montrant des gens qui ne se savent même pas filmés. Ces séquences singulières donnent à voir la perception en acte d'un monde « naturel » par un œil artificiel, fabriqué, par un regard sans conscience, un regard de machine qui n'est pas sans évoquer celui de la caméra. Il en résulte des images dénuées d'affect, de surprise, de jugement ou de commentaire.

Habillage dans l'espace blanc

Revenons à la fabrication du personnage. Nous assistons, après la formation de l'œil, aux finitions : l'extraterrestre, désormais entière, et entièrement nue telle une Ève des temps futurs (c'est l'occasion d'exposer sa peau, de la tête aux pieds, et son corps à la cambrure sensuelle, qui a tous les attributs extérieurs d'un corps humain et rien d'un robot), déshabille une jeune femme morte

---

1 Le titre apparaît en noir sur fond blanc, contrairement aux mentions du générique qui étaient en blanc sur fond noir : première transformation dont la portée est moins négligeable qu'on pourrait le penser dans un premier temps. Le film crée en effet une opposition entre des lieux blanc (lieu de l'habillage de la « femme ») et noir (lieu d'engloutissement des hommes).

2 Ce regard spéculaire est d'ailleurs redoublé dans le film lorsque la femme se regarde dans son miroir ou dans le rétroviseur.

qui lui ressemble de façon troublante, et enfile ses vêtements et chaussures. La scène ne se passe nulle part, sur un fond totalement blanc et vierge, sans décor, sans objets, sans sol ni plafond, sans murs, sans angles, sans volumes, sans aucun repère. Seuls, le corps mort allongé et le corps vivant debout donnent un sentiment d'horizontalité et de verticalité. Les corps ont été prélevés de l'environnement au sein duquel ils ont été filmés, puis imprimés sur un écran blanc immaculé pour former une image composite, de sorte que l'espace est étrangement ressenti comme ni complètement à deux dimensions, ni complètement à trois dimensions. Le travail numérique de l'image conduit ici à une mise en question de la notion de champ filmique, traditionnellement défini comme un espace imaginairement perçu à trois dimensions. Qu'il tende à s'aplatir partiellement ne le rend pas moins imaginaire et le situe entre le monde diégétique, produit par la fiction et la sphère de l'énonciation, dans la mesure où il renvoie très explicitement à l'espace de l'écran blanc et plat de la salle de cinéma. Au sein de la diégèse, cet espace a déjà un statut double puisque c'est une sorte de sas entre deux mondes : pas encore terrestre, plus tout à fait extraterrestre.

Naufrage dans l'espace noir

À cet espace blanc, répond, par contraste, un espace entièrement noir où l'extraterrestre fait disparaître les hommes qui l'ont suivie. Celle-ci ne s'y habille pas mais au contraire s'y déshabille en avançant à reculons ; l'homme l'imite et la suit, comme aimanté par ce regard fixe et sensuel et ce corps qui se dénude. On y entre par une porte de maison et on en sort de la même façon, si on en sort... Contrairement à l'espace blanc évoqué plus haut, cet intérieur noir est donc pourvu d'un seuil qui marque le passage du monde réel à ce monde parallèle.

Ici, pas davantage de cloisons ni d'éléments de décor, mais une surface réfléchissante qui resterait invisible s'il n'y avait deux corps pour s'y refléter. Pour la femme, il s'agit d'une sorte de plancher solide tandis que pour l'homme, le sol est en fait la surface d'un liquide noir épais dans lequel il s'enfonce et disparaît. Là encore, ce sont les corps en mouvement qui créent des directions et structurent l'espace : c'est le déplacement des personnages et non le décor qui donne l'impression d'une profondeur de champ et de la présence implicite d'un arrière-plan, c'est l'immersion de l'homme dans la matière liquide qui produit une conscience de verticalité.

Dans la deuxième séquence de la pièce noire, la caméra plonge dans le liquide avec le personnage masculin. La matière semble alors s'être transformée. D'opaque qu'elle était vue de la surface, elle est devenue transparente et, curieusement, n'entrave pas la respiration (même si elle provoque visiblement un grand inconfort). Les corps, perçus dans une faible lumière bleutée, y sont en apesanteur. D'abord, une vertigineuse contre-plongée permet d'apercevoir la femme qui marche très loin, en haut, sur ce que l'on suppose être la surface. Puis, l'homme rencontre celui qui l'a précédé et dont la peau se plisse et se fripe. Un contact de la main aura pour conséquence l'éclatement du corps de la première victime. Ce que révèlent, au pied de la lettre, les images de synthèse qui suivent, c'est que ce corps, pourtant bien humain, s'est entièrement vidé de sa substance et qu'il n'en reste plus que la peau. S'en suit une chorégraphie très expressive où les membres sont devenus des membranes très fines et souples. On devine les bras, les mains, les jambes, les pieds et le visage qui, désormais complètement déformés, se meuvent comme au gré d'un courant, dessinant des gestes amples. Le corps dansant, dématérialisé, devenu entièrement numérique, à mi-chemin de l'abstraction et de la figurativité, n'a rien perdu de son expressivité.

Destruction de l'extraterrestre

Sortie de la nuit noire d'abord sous la forme d'un œil, devenue un corps d'allure humaine sur fond blanc, cette créature finira, au terme du film, par périr dans la neige de la forêt écossaise. Cet épisode ultime met fin à l'illusion de l'apparence et dévoile non seulement ce qu'il y a « *under the skin* », qui ne ressemble en rien à de la chair humaine ou à du sang, il dévoile aussi que la peau n'en est pas une, qu'elle se déchire comme un vêtement, qu'elle n'est qu'une enveloppe, un trucage. Sous ce costume artificiel, se loge un corps noir et luisant comme du goudron, un crâne chauve. L'image montre alors cette créature retirer sa « peau » et, par la même occasion, son visage qui devient une sorte de masque mortuaire (pourtant bien vivant) – celui de Scarlett Johansson. Dans ce dispositif numérique très sophistiqué, le vrai visage noir de l'extraterrestre et le faux masque blanc de la star de cinéma se regardent droit dans les yeux.

Peinture, miroir, cinéma

On pourrait voir dans cette femme venue d'ailleurs et ces hommes d'aujourd'hui une lointaine et très contemporaine allégorie d'Adam et Ève (mise en scène de la tentation de la chair, nudité des corps). L'évocation, très décalée, ne se prive pas de pervertir, cinq siècles plus tard, par l'image numérique, la fresque de Michel-Ange puisque dans le bain noir, le contact trop ferme et trop franc des deux mains, loin de produire une étincelle de vie, provoque une détonation suivie d'une fatale explosion.

On peut voir également dans la belle extraterrestre un Narcisse au féminin. La créature, qui est d'abord un œil, devient un corps grâce à un double, reflet d'elle-même, à qui elle vole la vie et les vêtements ; elle ne se lasse pas ensuite d'admirer son image dans quantité de miroirs (miroir de poche, rétroviseur, vitrine, miroir en pied) dont le plus inquiétant est cette surface noire solide/liquide qui engloutit ses prétendants ; pour finir, elle se trouve une dernière fois face à sa propre image, se regardant droit dans les yeux avant de disparaître dans les flammes. Le film n'est finalement qu'une longue et inventive déclinaison de miroirs et de reflets où l'image numérique joue un rôle essentiel et prend un sens particulier qui va bien au-delà de la prouesse technologique. On ajoutera que ce dispositif œil/miroir/image est aussi une allégorie du cinéma. Si l'espace blanc évoque l'écran de cinéma, l'espace noir renvoie, lui, directement à la salle obscure.

5 FORMES COURTES

Spots, clips, courts métrages documentaires, « poétiques » ou de fiction, les formes filmiques courtes (entendons de 15' à 30') offrent de bonnes bases pour s'exercer à l'analyse et poser certains problèmes. Toutefois, il convient de prendre en compte les caractères spécifiques de ces « formes courtes » les différenciant nettement des longs métrages de fiction, caractères dus à leur durée, certes, mais aussi aux conditions de production de ces films. Les spots publicitaires relèvent de la stratégie et de l'argumentation commerciales, les clips sont consubstantiellement liés à la musique et à l'image d'un chanteur ou d'un groupe (ils ont généralement une fonction de promotion publicitaire), les courts métrages peuvent s'inscrire dans un contexte de création pure et simple ou de commande (voir les sketches de fiction illustrant le discours militant dans *La Vie est à nous* de Jean Renoir, produit en 1936 par le parti communiste français, *Paris vu par...*, sorte de film manifeste sur le plan esthétique, commandé en 1965 par le producteur Barbet Schroeder à six cinéastes de la Nouvelle Vague, *Et les gosses dans tout ça ?*, six histoires d'enfants malheureux destinées à défendre la cause des enfants, produites par Antenne 2 en 1991, *Contre l'oubli*, trente films produits par Amnesty International en 1991, etc.).

Les films courts sont souvent des premières œuvres, parfois les esquisses d'œuvres plus longues à venir (*Comme les doigts de la main*, 1984, et *Un monde sans pitié*, 1989, d'Éric Rochant), mais ils peuvent s'inscrire dans la carrière d'un cinéaste confirmé (voir les films réalisés par Alfred Hitchcock lui-même pour sa série télévisée *Alfred Hitchcock présente*) et dans un ensemble structuré, le film à sketches (voir *Le Plaisir* de Max Ophüls, 1950, *Night on Earth* de Jim Jarmusch, 1991).

Les questions de contexte de production, de lieu et de moment de diffusion, d'objectif visé par le film court sont donc indispensables à poser à un moment ou à un autre de l'analyse. Nous envisagerons d'un peu plus près le spot publicitaire et le court-métrage de fiction.

1. Spots publicitaires

En France, nombre de spots publicitaires étaient tournés en 35 mm. Ils connaissent une double exploitation cinématographique et télévisuelle (donnant souvent lieu, par ailleurs, à plusieurs « versions »). Ils sont généralement très courts (de 15" à 1' 30") et exploitent au maximum la possibilité de combiner les cinq matières de l'expression du cinéma (et de la vidéo) : sons (paroles, bruits, musiques), images (fixes, animées, photographiques ou graphiques), écriture (intertitres, surtitres et soustitres, toutes mentions écrites). Il en résulte un bombardement d'images et de sons, d'impressions, de sensations et de significations. Défaire ce que le montage et le mixage ont agencé permet d'observer la production du sens et des effets du spot.

En ce qui concerne le sens, on peut partir du principe que tout spot publicitaire véhicule le même message de base que l'on formulera : « Achetez le produit X ». Message informatif, le spot transmet le *nom* et l'*image* du produit. Message conatif et incitatif, il s'adresse au spectateur pour le conduire à l'acte d'achat. Mais, pour atteindre ces objectifs, tous les spots n'ont pas recours à la même stratégie. Pour simplifier, nous en distinguerons trois, pouvant fort bien se combiner entre elles.

L'argumentation directe, explicite, se soutenant éventuellement de la *description* (du produit, de ses effets) et de *l'explication* (comment le produit opère). Les spots « argumentatifs » sont essentiellement discursifs. Il est alors intéressant d'observer, selon le type de produits, à qui est déléguée la responsabilité du discours :

– *Personnage*, caractérisé par un uniforme, une fonction, une qualification (blouse blanche connotant le « médical » pour tous les produits vendus en pharmacie, ménagère en action pour les produits ménagers, « spécialistes » divers, y compris des célébrités : acteurs, vedettes du sport, etc.). Dans ce cas, les codes de la reconnaissance jouent très fortement (il faut immédiatement identifier *l'expert* – par son vêtement, son attitude, son langage ; les gestes, mimiques, intonations, regards doivent impliquer le spectateur et signifier la sincérité, la conviction, le sérieux, voire la gravité, même si l'on passe un instant par le sourire ou la plaisanterie).

On notera la fréquence et l'importance du « regard à la caméra » qui est un regard au spectateur-interlocuteur, regard proscrit dans le cinéma narratif classique, courant en publicité. Il s'accompagne généralement d'un plan rapproché en cadrage frontal et signifie l'adresse directe au spectateur : le personnage parlant mime la présence de l'interlocuteur, et efface, par la grâce du code filmique, la distance et le temps qui le séparent de lui. C'est un peu le même regard que celui du présentateur du journal télévisé, regard attestant la vérité de ce qui est dit et montré.

Exemples : pâtes dentifrice, lessives, pots d'échappement, cuisinières, nourriture pour chiens, etc.

– *Voix off*, commentant des images descriptives, éventuellement des dessins, graphiques, etc., voix sans visage qui parle d'un lieu non précisé le plus souvent.

Dans son livre *La Voix au cinéma*, Michel Chion[1] montre que la voix off est la voix du savoir et du pouvoir, au cinéma. Elle surplombe les images, en quelque sorte, leur donne un sens (phénomène *d'ancrage*) mais va souvent bien au-delà de ce que l'image montre. Observez, écoutez quelques spots comportant une voix off : vous constaterez que le commentaire, qu'il soit argumentatif, explicatif, incitatif, « déborde » de beaucoup l'image. De plus, la voix porte par sa tonalité, son « grain », son potentiel de séduction purement sonore. À cet égard, il est important de savoir que, neuf fois sur dix,

1. Éditions des Cahiers du Cinéma, 1982.

la voix off du spot est *masculine*. Les publicitaires reconnaissent que les tentatives d'utiliser des voix off féminines (sauf pour quelques rares produits très spécifiquement adressés à la clientèle des femmes) ne sont pas concluantes. On saluera au passage cette émergence de l'idéologie qui assigne le savoir et le pouvoir à la voix masculine. En revanche, les « voix in » féminines ne sont pas rares.

L'argumentation est le plus souvent *formelle*. Elle se soutient de *signes* de l'argumentation :

– signes visuels : tableaux, croquis, graphiques, chiffres, laboratoire, etc. ;

– signes rhétoriques : « parce que... puisque », pseudo-raisonnements logiques, etc.

Ces deux catégories de signes s'épaulent pour produire un « effet d'objectivité » ou de « scientificité » (voir l'utilisation du mot preuve – « la preuve » – et son pendant visuel...).

2.1 La narration

La stratégie est double :

– la structure narrative éveille l'intérêt de tous ;

– le rôle du produit dans l'histoire constitue un élément d'influence.

La narration est une *forme* qui peut donner lieu à un récit complet (plus rare actuellement) ou incomplet (cas le plus fréquent). Dans ce cas, le spot livre des bribes de ce qui pourrait constituer une histoire, il ressemble, comme le signalait un critique, à une bande-annonce de film qui n'existe pas...

La forme narrative « prend » à partir de quelques sèmes narratifs de base : un ou deux *acteurs* auxquels on peut assigner des *rôles* (par exemple : un aventurier fuyant des sauvages, une jeune personne se désolant que sa robe de bal fût tachée, deux amoureux se séparant devant un arrêt d'autobus), à la faveur d'une ou plusieurs actions s'inscrivant dans une chronologie.

Si la forme narrative « prend » si vite, selon certains théoriciens du cinéma qui se sont inspirés des travaux de la psychanalyse freudienne (Christian Metz), c'est qu'elle induit l'identification du spectateur à une *place*. Tout récit raconte les démêlés d'un sujet désirant avec les obstacles à la réalisation de ses désirs. Le récit se fonde sur un état de manque, sur l'élan d'un sujet vers un objet, sur les conflits entre le désir et la loi. Le spectateur identifie (inconsciemment) une structure connue de lui et s'identifie (pas nécessairement de manière stable) à l'un des acteurs de l'histoire.

Dans le cas des spots, la structure des récits induit plutôt une identification au sujet désirant. Quelle place occupe le produit ? En général, celle *d'objet* du désir ou celle *d'adjuvant* (d'aide à la satisfaction du besoin). Ainsi, c'est une télécommande de magnétoscope qui permettra à l'aventurier d'échapper aux sauvages, c'est une super-lessive qui nettoiera sans traces la tache de la jeune personne (fonction d'adjuvant), c'est un bouillon Knorr que le cycliste attardé désire, et il n'en restera peut-être plus (objet), c'est un café-philtre qui réunira les couples (adjuvant magique), etc. Toute la publicité de Coca-Cola se fonde sur des flashes narratifs présentant le produit en fonction d'adjuvant (à l'amitié, à l'amour, à l'antiracisme, à l'effort, que sais-je encore !).

Dans son statut d'adjuvant ou d'objet, le produit est fréquemment personnifié, voire anthropomorphisé ou mythifié. On se rappelle peut-être le célèbre « Chevalier Ajax », pourfendeur de vaisselles sales. La marque elle-même est chargée de connotations mythiques ou magiques. J. Séguéla ne disait-il pas qu'un produit se lance comme une star ? Le produit, dans le spot narratif, est la star.

Le spot-récit est ultra court. La figure récurrente, il ne faut pas s'en étonner, est l'*ellipse*. Mais on observera avec intérêt que l'ellipse porte surtout sur le *travail* : voir notamment les spots concernant les produits ménagers et évoquant des tâches ménagères (nettoyage, lessive, cuisine, vaisselle). Le récit-en-spot tient du rêve ou de la légende dorée. Des artifices techniques contribuent à créer cette atmosphère. Nous les évoquerons avec la troisième stratégie.

2.2 La séduction-fascination

Certains spots (ils sont de plus en plus nombreux) ne disent presque rien (argumentation directe quasi nulle), ils ne racontent pas plus. Le rapport entre le contenu du spot, les images et les sons, et le produit est parfois fort lointain, voire à peu près inexistant, du moins en apparence. Les images et les sons présentent des qualités, des caractéristiques, dénotées ou connotées, qui sont censées appartenir au produit ou au sujet-utilisateur du produit. Ces qualités sont souvent de l'ordre de la jeunesse, la force, l'activité, la séduction, la fraîcheur, la résistance, la joie de vivre, la sécurité, etc.

Certains spots procèdent assez grossièrement. Ainsi les spots « Hollywood chewing-gum » (d'ailleurs plutôt narratifs) multiplient-ils les redondances pour signifier la fraîcheur (mot écrit, chanté, dit ; images d'eau, couleurs vertes, etc.), la jeunesse (multiples acteurs jeunes), l'activité (images de sports : canoë, ski sur gazon, randonnées, voyages lointains ; personnages en action ; montage rapide de plans courts ; musique rythmée).

D'autres, plus « culturels », procèdent par références, énigmes. Ainsi le spot « Jazz » d'Yves Saint-Laurent jouait-il sur des signes visuels mixtes, combinant des formes géométriques et des figures de danseurs et de chanteuse, reconstituant, par la grâce du noir et blanc, un film en référence aux années 1930-1940, une esthétique « moderniste », le tout en quelques secondes, offert comme un cadeau au spectateur par la marque, dévoilée au dernier plan.

La séduction-fascination est celle du rêve heureux, du fantasme paradisiaque. Parmi ses artifices techniques :

– l'*ellipse*, déjà citée ;

– le *ralenti*, parfois à peine visible, qui donne souplesse et mollesse au mouvement, qui adoucit (voir son utilisation pour tout ce qui est crème, shampooing, eaux de toutes sortes, scènes de tendresse ou de sensualité, etc.) ;

– le *fondu enchaîné rapide*, sur quatre à huit images, qui permet d'enchaîner insensiblement deux images, d'éviter les heurts visuels, de suggérer un monde de douceur et de facilité ;

– l'utilisation de *filtres* permettant d'obtenir des couleurs « tamisées », des flous, des sortes de « poudroiements » colorés ;

– le recours à des musiques d'ambiance stéréotypées, codées ;

– le jeu des allusions, références directes (citations) ou indirectes ;

– le montage rapide d'images contrastées (gros plan/plan d'ensemble), produisant des effets de choc visuel.

Le produit apparaît comme le *donateur* de 15" à 1' 30" de plaisir audiovisuel. Mais la séduction est bien un *argument*, elle aussi.

On notera que le spot cultive la discontinuité (narrative, stylistique, formelle) : son objectif n'est pas de construire une forme mais d'imposer une marque. Seuls, les spots « séducteurs » cherchent peut-être à confondre la forme et la marque, mais ceci ne paraît jouable que pour des produits sophistiqués (parfums, par exemple).

ENCADRÉ 6 : POUR ANALYSER UN SPOT

I. Le chronométrer.

2. Compter les plans (c'est-à-dire les portions de pellicule comprises entre deux collures) ; repérer des rapports de durée (plans courts/plans longs).

3. Repérer les figures de transition de plan à plan (*cut*, fondus) et les procédés techniques (ralentis, surimpressions, accélérés, etc.).

4. Observer le rôle des voix (*in* et *off*) : Quand interviennent-elles ? Qui parle ? Pour dire quoi ? à qui ?

5. Observer les caractéristiques visuelles des personnages ; définir leurs rôles.

6. Observer les manifestations du produit : de son *nom*, de son *image* : Quand ? Comment ? Combien de fois ?

7. Caractériser le spot (argumentatif, narratif, autre) et sa stratégie d'influence sur le spectateur (information, séduction).

8. Repérer des caractéristiques formelles ou rhétoriques (redondance sons-images-paroles, hyperbole – le mensonge est interdit, mais pas l'hyperbole : on peut donc montrer une automobile voler ou marcher sur les eaux –, ellipse, gradation – voir le spot « Égoïste », pour Chanel, avec les jeunes femmes, de plus en plus nombreuses, ouvrant les volets d'une belle demeure pour crier « Égoïste », et la gradation du plan rapproché au plan de grand ensemble –, antithèse), un style, peut-être.

2. Courts métrages de fiction

Les œuvres filmiques courtes exhibent de manière plus évidente que les longs métrages leurs dispositifs (narratifs ou discursifs), leur structure dramatique et rythmique, la forme-sens qui produit leur impact, ceci sans doute parce que l'appréhension de ces éléments n'a pas le temps d'être diluée dans les méandres d'une histoire ou distraite par l'identification à des personnages ou par des émotions qui, si elles « prennent », le font de manière rapide, aiguë comme si elles « précipitaient ». La forme globale du film court s'offre à la perception et, par conséquent, à une analyse plus aisée. On observe d'ailleurs que nombre de courts métrages sont bâtis à partir de « formes simples » ou de configurations rhétoriques bien repérables.

2.1 Rhétorique du « court »

Ainsi, *Foutaises* de Jean-Pierre Jeunet (1989) se structure de l'énumération systématique de « J'aime… Je n'aime pas », « J'aime bien… mais j'aime pas… », énoncée par le comédien Dominique Pinon filmé le plus souvent frontalement, avec des illustrations visuelles et sonores insolites ou amusantes. Le film est ainsi rythmé par les balancements de « J'aime » à « J'aime pas » et par les va-et-vient, les rencontres, télescopages entre les paroles du comédien tantôt « *in* », tantôt « *off* » et les illustrations associées. Mais la simplicité de la structure « verbale » du film est contredite par la sophistication de son montage et de son mixage : accélération extrême du montage à certains moments, passages au ralenti, images d'archives et images de studio ou d'extérieurs, scénettes dialoguées ou muettes, variations fortes des échelles de plan, des bruits et des musiques, etc., le tout en sept minutes ! *Foutaises* joue sur la saturation de l'information audiovisuelle, le défilement rapide de gags express verbo-visuels (le motif du train, trains qui se croisent, Trans-Europ Express, y est d'ailleurs récurrent).

Cet exemple montre que l'analyse doit toujours mettre en regard la configuration rhétorique (ou la figure structurante), le contenu verbal ou narratif et les formes audiovisuelles. Prenons quelques exemples de formes « simples et fortes ».

2.2 Symétries et symétries inverses

Deux sketches de *Paris vu par...* (1965) présentent des modèles de symétrie : ceux de Jean-Luc Godard et de Jean Rouch.

Dans *Gare du Nord* (Jean Rouch), un jeune couple se querelle au petit-déjeuner ; Odile reproche à son mari de s'encroûter dans une vie sans fantaisie ; elle rêve d'évasion. Elle quitte son mari, fâchée ; un homme séduisant l'aborde dans la rue et lui propose l'évasion dans des termes analogues à ceux qu'elle a elle-même employés. Elle refuse. Il se jette sur les rails du haut d'un pont. La symétrie est partiellement inversée puisqu'Odile se voit proposer dans le deuxième mouvement du film ce qu'elle demandait dans le premier. Inversion soulignée par le passage de l'intérieur (petit appartement parisien où se bouscule le couple) à l'extérieur (rues du quartier de la gare du Nord), par un moment de transition dans l'ascenseur et par les figures contrastées des deux personnages masculins (passif/actif, embarrassé/éloquent, calme/agité). Mais symétrie soulignée par la structure formelle du film réalisé en trois plans :

– un plan bref de grand ensemble avec zoom avant vers la fenêtre d'un immeuble ;

– un long plan-séquence de quelque quinze minutes, filmé avec une caméra portée à l'épaule, nous faisant passer en continuité de l'intérieur de l'appartement à l'ascenseur, puis à la rue, jusqu'au suicide du passant ;

– un plan bref d'Odile regardant le suicide du pont, avec zoom arrière aboutissant à un plan de grand ensemble.

Cette structure rigoureuse renforce l'impact de la *rencontre*, qui n'est pas seulement rencontre d'un homme et d'une femme mais aussi confrontation du rêve et de la réalité, du désir avec sa réalisation.

La *chute*, partie finale sur laquelle le spectateur quittera l'histoire et les personnages, est rapide, inattendue : l'homme se suicide (chute narrative et physique !). Les récits filmiques courts s'achèvent fréquemment sur un point final souligné (surprise, gag, amplification visuelle ou sonore, « mot de la fin » prononcé par un personnage ou une voix off, etc.).

2.3   Répétitions, variations, gradations

Nous avons déjà évoqué le spot « Égoïste », variation sur un mot et un motif visuel (femmes ouvrant des volets).

Un film d'Alfred Hitchcock, *One More Mile to Go*, de la série « A. Hitchcock présente », est construit sur le principe de la répétition et de la gradation. Au cours d'une querelle, un homme finit par tuer sa femme d'un coup de tisonnier. Il charge le corps dans le coffre de sa voiture. C'est la nuit. On comprend qu'il projette de jeter le corps dans un lac. Sur la route, un motard l'arrête parce que son feu arrière ne fonctionne pas (première confrontation avec le motard). Au garage, l'homme s'efforce d'obtenir la réparation du feu arrière sans ouverture du coffre. Survient le motard (deuxième confrontation) : le feu s'allume au moment précis où celui-ci s'apprête à forcer le coffre. Sur la route, l'homme est de nouveau rejoint par le motard (troisième confrontation) qui lui rapporte la monnaie qu'il avait oubliée ; mais le feu est de nouveau en panne et le motard propose à l'homme de le convoyer jusqu'au poste de police où l'on pourra ouvrir le coffre et réparer... Le suspense se fonde ici sur la répétition d'une situation analogue, avec gradation de la tension des personnages (l'homme de plus en plus anxieux, le motard de plus en plus impatient) et du spectateur. Du point de vue visuel, l'accent est mis sur les visages et la montée des sentiments. Mais le film joue aussi de la tension entre des plans où l'homme est seul (dans sa voiture ou dans un espace relativement sécuritaire), et des plans où la présence du motard se fait sentir (apparition du phare de la moto, visage et buste du motard dans le rétroviseur ou s'encadrant dans la portière, arrivée à la station-service, etc.).

Quant à la chute, elle est également visuelle puisqu'elle nous montre le feu arrière de la voiture qui s'allume et s'éteint, comme en un clin d'œil de l'épouse qui se venge.

Comme les doigts de la main d'Éric Rochant (1984) offre une situation de départ (un garçon rencontre une fille toujours accompagnée de cinq garçons, il s'en éprend, mais les garçons, bien que muets et tranquilles, ne la quittent jamais) et des variations amusantes sur cette configuration (dans la rue, dans la petite auto du narrateur, dans une cabine téléphonique, au café et, bien entendu, au lit). La chute opère une variation inversée de cette situation : alors que le garçon se retrouve seul (la fille l'a quitté parce qu'il la mettait en demeure de choisir entre eux et lui) à son arrêt d'autobus (celui-là même où il rencontrait la fille au début du film : symétrie), cinq filles montent avec lui dans la voiture...

2.4 Oppositions, contrastes, antithèses, inversions

Les oppositions, contrastes, antithèses, inversions peuvent porter sur des personnages, des situations, des configurations visuelles ou audiovisuelles.

Tout l'épisode de *Night on Earth* (Jim Jarmusch, 1991) se déroulant à Los Angeles est placé sous le signe de l'antithèse, soulignée au début par un montage alterné montrant tantôt une jeune femme chauffeur de taxi (18 ans environ, débraillée, agitée, dans un vieux taxi en fouillis, tenant un langage très grossier) et une femme débarquant d'un avion à l'aéroport (45 ans environ, très élégante, tirée à quatre épingles, marchant calmement et répondant au téléphone en un langage très surveillé). La rencontre s'effectue à l'aéroport. On constatera que les points communs des deux femmes les différencient encore : l'une fume frénétiquement, l'autre occasionnellement et nonchalamment ; l'une utilise le téléphone de façon limitée, l'autre en est obsédée, etc. Mais le film joue aussi de l'inversion progressive des images de ces deux femmes : la plus « stressée » n'est pas celle qu'on pense.

L'épisode new-yorkais du même film opère un échange des rôles : le chauffeur de taxi (frais immigré de l'Allemagne de l'Est) ne sait pas conduire, c'est son client (un noir « branché ») qui prend le volant. Le chauffeur est clown de profession, mais il est pathétique et c'est l'autre qui est clownesque. Le film ne cesse d'échanger leurs images et leurs attributs et de montrer comment, pour des raisons diamétralement opposées, les deux personnages se ressemblent *et* dissemblent radicalement : ils portent le même type de couvre-chef mais pour l'un, c'est le dernier cri new-yorkais et pour l'autre, visiblement, un vieil accessoire de protection ; ils ont des noms qui se prêtent à calembours réciproques (Helmut/ Yoyo) ; leurs langages sont pauvres, l'un parce qu'il ne connaît pas l'anglo-américain, l'autre parce qu'il n'utilise que quelques mots d'argot branché ; l'un est sans famille, l'autre affligé d'une belle-sœur avec laquelle ils s'injurient copieusement, etc.

Sur le plan cinématographique, il est intéressant de relever comment les processus de mise en rapport s'opèrent à partir d'éléments concrets visibles, dramatiquement exploitables (pour le rire ou l'émotion), caractérisant les personnages dans leur être et leur comportement : cigarette, téléphone, langage, détail vestimentaire, etc.

Dans l'épisode romain de *Night on Earth*, un chauffeur de taxi de nuit surexcité et transgressif (il prend les rues en sens interdit) charge un prêtre visiblement épuisé ou malade. Il se lance dans une confession concernant sa vie sexuelle, essentiellement transgressive elle aussi. Plus il s'excite à raconter ses exploits, plus le prêtre décline...

2.5   Jeux de mots, calembours, histoires drôles

La Muette (Claude Chabrol, in *Paris vu par...*) donne lieu à un véritable calembour verbo-audio-visuel : un jeune adolescent de famille bourgeoise (quartier de la Muette, dans le 16e arrondissement) met des boules Quiès pour ne pas entendre ses parents se disputer ; il n'entendra pas sa mère chuter dans l'escalier, et agoniser. Le film joue donc sur l'équivoque muet(te)/sourd, raconte le passage de la mère de l'état de bavarde et criarde à l'état de muette, d'abord parce que « le son est coupé » (Chabrol recourt alors au son « subjectif », coupant la bande-son lorsque le jeune garçon porte ses boules Quiès ; ce faisant, il fait évidemment un clin d'œil au cinéma « muet », lequel, on le sait, était bien « parlant », mais non sonore), ensuite parce que, blessée, elle perd peu à peu la voix jusqu'à expirer son dernier souffle. On voit qu'ici, le calembour débouche sur un dénouement quelque peu grinçant.

Dans le sketch parisien de *Night on Earth*, un chauffeur de taxi ivoirien (traité par ses premiers clients, noirs et éméchés, donc deux fois « noirs », de « y voit rien ») charge une jeune aveugle, bien plus clairvoyante que lui. Elle se repère très bien dans l'espace parisien, dans le taxi, devine l'origine du chauffeur, alors que lui, déjà affecté d'un pansement au front, emboutira une auto juste après avoir laissé la jeune femme au bord d'un canal. Si l'on ajoute que celle-ci refuse de porter des lunettes noires, mais pas la canne blanche, on mesure à quel point le film joue sur les mots.

2.6 Dispositifs narratifs, formes-sens, motifs visuels

L'analyse du dispositif narratif d'ensemble alliée à celle des formes simples qui structurent le film permet le plus souvent de dégager la forme-sens permettant de comprendre la visée de l'œuvre. Il peut d'ailleurs y avoir conflit, contradiction interne entre l'un et l'autre. Quoi qu'il en soit, on observe le plus souvent l'émergence d'effets narratifs s'apparentant à ceux de l'histoire drôle (comme nous l'avons vu), du proverbe (petite comédie illustrant une vérité d'expérience ou un conseil), de la fable (visée morale ou philosophique), de l'apologue (illustration d'un précepte, d'une maxime), de l'exemple (illustration d'un ensemble de faits, argument concret appuyant une opinion ou une revendication).

Dans *Gare du Nord*, la symétrie, le rôle du hasard opérant la mise à l'épreuve du désir, le glissement du style « direct » (décor naturaliste de l'appartement, filmage de reportage) à la rencontre surréaliste, tout tend vers la fable philosophique.

Par-delà les nuages (1996) est un film composé par Michel-angelo Antonioni, Wim Wenders et Tonino Guerra de quatre histoires, reliées par le regard et les réflexions intérieures d'un cinéaste, agrémentées d'un intermède. Les quatre histoires se déroulent en quatre lieux différents : Ferrare, Portofino, Paris et Aix-en-Provence.

Il est aisé de relever des thèmes scénaristiques analogues, d'une histoire à l'autre : couples placés sous le signe de la rencontre suivie de l'inéluctable incompréhension et aboutissant à la non moins inéluctable séparation. Mais ces variations sur l'impossible du couple se déroulent au rythme de motifs visuels récurrents formant une sorte de trame esthétique ouvrant sur un jeu de significations complexes.

Quelques exemples :

— *Perspectives fuyantes*. Rues de Ferrare envahies de brumes, rues d'Aix, désertes, sous le soleil, la pluie, la nuit, horizon maritime à Portofino, plongée sur un escalier en spirale à Aix.

— *Milieux transparents*. Vitrine de magasin à Portofino, vastes baies vitrées d'appartement à Paris, carreaux de fenêtre, panneau de douche : ils constituent à la fois une séparation et un moyen de se voir, de s'approcher, voire de s'embrasser sans se toucher.

— *Rimes visuelles* internes à une histoire ou d'une histoire à une autre. À Ferrare, un plan en contre-plongée montre la jeune femme et une amie se levant de leur fauteuil à la fin d'une séance de cinéma, quittant leur place d'orchestre en premier plan et, en arrière-plan, au balcon, la tête du jeune homme rencontré trois ans auparavant, qui se lève pour partir à son tour. Plus tard un plan en contre-plongée montrera le jeune homme dans la rue – il quitte définitivement la jeune femme –

avec derrière lui, en hauteur, le visage de la jeune femme le regardant partir derrière le carreau d'une fenêtre. À Portofino, c'est de l'intérieur d'une chambre en rez-de-chaussée qu'une autre jeune femme est filmée regardant, par le carreau de la fenêtre, s'éloigner son amant.

– *Chorégraphie des corps.* D'une histoire à l'autre, elle se fonde sur l'alternance entre contact ou non-contact des corps. À Ferrare, à l'exception d'un baiser, ce sont deux corps qui s'approchent puis se refusent, avec l'image emblématique de la main du jeune homme parcourant le corps nu de la jeune femme à quelques millimètres de sa peau. À Aix ce sont les déambulations dans la ville de deux corps qui ne se toucheront pas. À Paris ce sont les violences érotiques et les violences conflictuelles qui rapprochent les corps, c'est aussi la symétrie des destins qui joindront les mains d'un homme délaissé par sa femme à celles d'une femme trahie par son mari. À Portofino, le rapprochement sexuel des corps ne fait qu'épaissir le mystère des mots.

– *Architectures.* Chaque histoire met très fortement en valeur l'architecture des lieux : la ville embrumée de Ferrare avec sa citadelle ; le site de Portofino hors saison ; les rues désertes d'Aix, ses places, ses monuments ; les volumes, les espaces et la lumière d'un vaste appartement moderne, vidé de ses meubles, à Paris. Dans ces lieux quasi vides les personnages sont de passage, ils ne sauraient les habiter. Mais leur majesté, leur beauté s'imposent au spectateur. De même que la beauté et l'élégance des comédiens. Mais ces deux beautés sont comme déconnectées l'une de l'autre.

Ainsi, parallèlement au film traitant de l'impossible réunion des couples, se trame un autre film traitant du rapport des corps aux lieux. Et peut-être un autre film encore, traitant de la beauté des corps humains en mouvement (quêtes, amours, conflits) face à la beauté immobile et indifférente des lieux qui les abritent provisoirement.

6 ÉLÉMENTS POUR L'ANALYSE D'UN FILM ENTIER : *REBECCA*, A. HITCHCOCK (1940)

Une « grille » d'observation portant sur un film entier, pourrait être proposée qui permettrait de répondre aux questions suivantes :

– Combien de temps le film dure-t-il au total ?

– Peut-on distinguer des parties et des sous-parties ? Selon quels critères les délimiter : critères visuels (fondus, cartons, plans emblématiques, nature de ce qui est représenté à l'image, ruptures stylistiques), critères sonores (voix et commentaires, changements musicaux ou sonores), critères logico-narratifs (changements de lieux, enchaînements temporels, manifestations dialoguées, ellipses, sommaires, etc.), critères dramatiques (évolution de l'histoire, de la tension dramatique, tournants, péripéties) ?

– Combien de temps ces différentes parties durent-elles ? Selon quel principe, quelle logique passe-t-on de l'une à l'autre : progression narrative, évolution de l'action et des personnages, montée de la tension dramatique, gradation, contraste, etc. ?

– Peut-on repérer des réseaux de séquences qui présentent un fonctionnement commun ou qui sont comparables ? De la même façon, peut-on repérer des réseaux d'images qui, à distance, se répondent ?

– Peut-on caractériser le style du film ? Ce style reflète-t-il l'époque de la production du film ? Qu'est-ce qui fait sa singularité stylistique ? Ce style est-il homogène ou le film comporte-t-il des ruptures stylistiques ? Les images sont-elles de même nature ou le film mélange-t-il différentes matières d'images ?

- À quel(s) autre(s) films (du même réalisateur ou non, de la même période ou non, du même genre ou non...) ce film peut-il être comparé ?

1. Résumé du film

Une jeune femme se remémore sa rencontre avec son mari, ainsi que les mois qui ont suivi leur mariage, passés en Angleterre, au manoir de Manderley. Rebecca, première épouse de Maxim, est morte noyée un an auparavant. Mrs. Danvers, sa gouvernante, continue de diriger la maison et perpétue la mémoire de Rebecca dont elle n'accepte pas la disparition. Elle se montre très hostile à l'égard de la nouvelle épouse, la rejette violemment et cherche à se débarrasser d'elle. Lors d'une tempête nocturne, des plongeurs découvrent le voilier de Rebecca ainsi que son cadavre. L'enquête au sujet de l'accident reprend et Maxim est soupçonné. Finalement, l'hypothèse du suicide est confirmée et Maxim sort du procès disculpé, ce qui pousse Mrs. Danvers à incendier Manderley. Le couple de Winter enfin réuni assiste au brasier et à la mort de Mrs. Danvers.

2. Segmentation du film

Le film compte vingt-cinq séquences réparties en un prologue, cinq grands mouvements de durée sensiblement égale et un épilogue. Chaque séquence est centrée sur un événement ou sur plusieurs micro-événements ayant lieu dans une même journée ; chaque acte réunit une série d'événements liés les uns aux autres.

PROLOGUE : 2 mn
1- Le rêve : Manderley, puis enchaînement flash-back
(fondu au noir)

ACTE I : 24 mn. Monte-Carlo

2- La rencontre sur la falaise (fondu enchaîné)

3- Seconde rencontre dans le hall de l'hôtel (f. au n.)

4- Le lendemain, première invitation de Maxim

    a) Déjeuner (f. ench.)

    b) Promenade (f. ench.)

    c) Retour dans la chambre de Mrs. Van Hopper (f. ench.)

    d) Le rêve (f. ench.)

5- Naissance de l'amour

Alternance de courtes scènes séparées par des fondus enchaînés : la jeune femme courtisée par Maxim ou en compagnie de Mrs. Van Hopper. (f. au n.)

6- La demande en mariage

    a) Annonce du départ pour New York, préparation des bagages (f. ench.)

    b) Dernières minutes avant le départ, demande en mariage, départ de Mrs. Van Hopper (f. ench.)

7- Le mariage (f. ench.)

ACTE II : 22 mn. Débuts difficiles à Manderley

8- Arrivée à Manderley, accueil glacial de Mrs. Danvers (f. ench.)

9- Première soirée à Manderley

    a) Mrs. de Winter, Mrs. Danvers dans la chambre de la jeune mariée (f. ench.)

    b) Le dîner (f. au n.)

10- Première matinée à Manderley : maladresses successives (f. ench.)

11- Visite de Beatrice et son mari

    a) Rencontre, déjeuner, conversation entre femmes (f. ench.)

    b) Promenade des jeunes mariés, querelle à propos du cottage (f. ench.)

ACTE III : 24 mn. Série d'humiliations

12- Mrs. de Winter/Frank. Questions et confidences de la jeune femme (f. ench.)

13- Maxim/son épouse. Projection du film de lune de miel, maladresses de la jeune femme, crise du couple (f. au n.)

14- Une journée en l'absence de Maxim

   a) Visite de Favell

   b) Visite de la chambre de Rebecca (f. ench.)

   c) Dans le bureau, tentative d'affirmation de soi

   d) Retour de Maxim, projet de bal costumé (f. ench.)

15- Suggestion de Mrs. Danvers pour le costume de bal (f. au n.)

ACTE IV : 23 mn. Bal tragique à Manderley

16- Le bal catastrophe, seconde confrontation avec Mrs. Danvers dans la chambre de Rebecca (f. ench.)

17- «Réapparition» de Rebecca, récit de sa mort

   a) À la recherche de Maxim

   b) Au cottage, la révélation (f. ench.)

ACTE V : 25 mn. Enquête, procès

18- À la morgue (f. au n.)

19- Un soir à Manderley, la veille du procès (f. ench.)

20- Procès (f. ench.)

21- Chantage de Favell

   a) Dans la voiture

   b) Au café, devant le Colonel Julyan (f. ench.)

22- Visite au docteur Baker, révélation sur Rebecca (f. au n.)

23- Retour de Maxim et Frank en voiture, la nuit (f. ench.)

24- Mrs. Danvers errant dans Manderley (f. ench.)

ÉPILOGUE : 2 mn

25- Manderley sous les flammes et mort de Mrs. Danvers (f. au n.)

Le récit est construit en trois grandes étapes qui correspondent chacune à la levée d'un obstacle : la première, de loin la plus longue (actes I à IV), consiste à effacer progressivement la présence de Rebecca entre Maxim et sa jeune épouse ; la seconde, moins longue (acte V, séquences 18 à 23), à blanchir Maxim ; la troisième, très rapide (séquences 24 et 25), à sauver la jeune femme des flammes. Le film présente une *accélération narrative*.

3. Dispositif narratif d'ensemble : le point de vue

Rebecca se compose d'un prologue de deux minutes, suivi d'un très long flash-back qui forme le reste du film.

Le prologue est déjà lui-même un flash-back : la « voix-je » du personnage-narrateur nous dit bien : « *Last night, I dreamt I went to Manderley again.* » Le « *Last night* » suppose bien sûr un « *today* » assimilable au présent de l'énonciation. Ce « *today* » n'est pas mis en images. Il ne s'ancre que dans cette voix chargée de commenter les deux premières minutes du film.

Notons le double effet de subjectivité produit dans ce prologue : à la *focalisation* interne (le personnage évoque son rêve de la veille) s'ajoute une *ocularisation* interne[1] ou encore un point de vue visuel subjectif, grâce à un long travelling avant incarnant le regard et le déplacement du personnage. Le personnage se clive : il est à la fois, en tant que narrateur délégué, responsable du récit verbal et appartient à ce titre au présent de l'énonciation, et responsable de l'image en tant que nous partageons son regard. Ces deux facettes appartiennent à des espaces-temps différents (celui de la narration / celui du rêve qui est l'objet de cette narration) mais renvoient au même personnage, dont nous ne connaissons ni l'identité (identité que la suite du récit aura soin de ne pas dévoiler) ni encore l'apparence physique.

---

1. Sur *focalisation* et *ocularisation*, voir François Jost, *L'œil-caméra. Entre film et roman*, Lyon, PUL, 1987.

Le début du film pose donc d'emblée ce personnage à la fois en narrateur (qui *sait*) et en monstrateur (qui *voit* et *fait voir*), sans le figurer encore à l'image, en le matérialisant seulement par sa voix commentante et son regard. La suite du film prendra en quelque sorte le contre-pied de ce début puisque le même personnage sera au centre de l'image et placé en position de non-savoir, position que le spectateur partage avec lui.

Le récit se poursuit par un très long flash-back (120 minutes sur 123), introduit par la même voix narratrice du prologue : «*But sometimes, in my dreams, I do go back, to the strange days of my life, which began for me in the south of France.* » Cette phrase est suivie d'une envolée lyrique de la musique et d'un fondu au noir.

On peut schématiser la structure narrative du film comme suit :

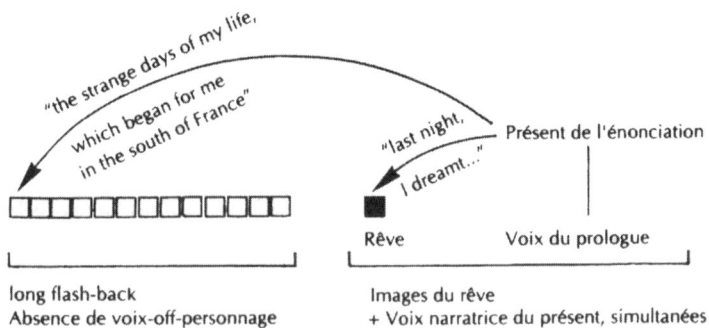

Le long flash-back qui suit le prologue est donc censé être pris en charge par le narrateur délégué, la jeune Mrs. de Winter. Or, comme cela se produit très fréquemment dans les cas où aucun retour au récit premier n'a lieu, le spectateur (mais non l'analyste...) oublie qu'il s'agit d'un flash-back, oublie la présence du narrateur-personnage. Dans *Rebecca* cependant, le personnage (en acte) continue de jouer le rôle de guide, invitant le spectateur qui le suit pas à pas, à partager ses réactions, ses émotions, ses sensations et à deviner ses pensées. La jeune femme est au centre de l'intrigue, mais aussi au centre de l'image puisqu'elle apparaît dans toutes les séquences du film, excepté dans la séquence chez le médecin, à la fin. Ainsi, spectateur et personnage accèdent d'une manière solidaire aux informations narratives. Même sans voix-off narratrice, c'est par l'intermédiaire de la jeune épouse que le savoir nous arrive. Genette appelle ceci une focalisation interne à la troisième personne : toutes les informations sont médiatisées par le personnage féminin sans pour autant que celui-ci s'exprime activement à la première personne.

C'est ainsi que, jusqu'à la fin de l'acte IV, la jeune femme pense que Maxim et Rebecca s'étaient toujours aimés, que Maxim est un homme brisé qui vit dans le regret. D'où l'impossibilité, pour elle, deuxième épouse, de prétendre à un tel amour. Elle entraîne le spectateur dans sa croyance. Mais à un certain point du récit, le quiproquo est levé : ensemble, la jeune femme et le spectateur apprennent que Maxim, au contraire, détestait Rebecca et qu'un soir, dans un accès de colère, il l'avait violentée et (sans le vouloir ?) tuée. À ce moment précis, le savoir de la jeune femme rattrape en quelque sorte celui de Maxim.

Mais ce dispositif ne couvre pas l'ensemble du film. Peu après, le spectateur (on pourrait dire aussi le film) abandonne le personnage qu'il avait jusqu'ici fidèlement suivi et le dépasse en quelque sorte pour accéder avant lui aux informations finales qui feront définitivement basculer l'intrigue : il s'agit de la visite chez le médecin à laquelle renonce la jeune épouse pour se retirer au manoir. Ainsi, le spectateur apprend avant elle la maladie de Rebecca, synonyme, pour Maxim, d'innocence et de liberté. Ce changement de point de vue permettra de ménager le suspense final : de retour au manoir, Maxim aperçoit l'incendie et craint pour la vie de sa femme.

Sur le plan narratif, un relais s'opère donc. Le personnage-narrateur (n'oublions pas que ceci fait partie d'un flash-back pris en charge par la jeune femme) cède la parole. Ce passage est l'occasion d'un glissement et d'une vraie transformation : jusqu'alors en quête d'amour, la jeune femme devient l'objet de cet amour. Cette mise en scène finale est une manière de signifier le bouleversement opéré en Maxim qui, enfin, exprime son désir de partager avec sa jeune épouse cet amour qu'elle seule, depuis le début, semblait réclamer.

Ces questions de focalisation sont donc primordiales tant sur le plan de la construction narrative que sur celui de la progression dramatique.

4. Analyse narrative, symétrie

4.1 Modalités de représentation du lieu

Rebecca appartient à la tradition du film gothique : le récit se déroule en grande partie dans un manoir ancien dont les murs portent la marque d'un long passé et perpétuent le souvenir de ceux qui y ont vécu. L'agencement des pièces, l'importance accordée à telle ou telle pièce au détriment de telle autre, le lien entre la nature de certains événements et le lieu dans lequel ils se déroulent, tout ceci est primordial.

Et pourtant, l'espace concret n'est que très partiellement, représenté. Manderley n'apparaît de l'extérieur que sous la pluie (arrivée du couple), dans l'obscurité (rêve du prologue, soir précédant le procès), sous les flammes (épilogue), et dans un plan très fugitif (premier matin ensoleillé). On en retiendra néanmoins une grande complexité architecturale, un mélange étrange de château fort à remparts crénelés, et de château de conte de fées à tours pointues. Manderley superpose les styles d'époques historiques et mythiques différentes. Il rappelle en certains points le caractère irréaliste des décors expressionnistes. Cela se confirme à l'intérieur du manoir où les pièces sont de dimensions colossales. Le style est conforme à l'image qu'Hollywood se fait des intérieurs de l'Angleterre victorienne : baroque, chargé. Manderley est un labyrinthe où l'on se perd. Que l'on repense à la séquence où la jeune femme visite sa nouvelle demeure au lendemain de son arrivée : elle s'égare dans un dédale de pièces, et fait figure de naine aux côtés de Frith, le vieux domestique installé là depuis toujours qui, du haut des escaliers et de ses 1,90 m, contemple la nouvelle maîtresse de maison en train de traverser avec peine l'immense salle de réception à petits pas rapides et maladroits.

Les poignées des portes arrivent aux épaules de la jeune femme, les cheminées sont plus grandes qu'elle, les tables mesurent des kilomètres. La pauvre semble perdue dans un univers disproportionné qui devient d'autant plus oppressant et inquiétant qu'il est isolé et qu'elle n'a pas la possibilité d'en sortir. Cependant, il est peu représenté et surtout étrangement représenté.

Un exemple : nous l'avons vu plus haut, la chambre de Rebecca est modulable et son décor semble se transformer d'une scène à l'autre. La première de ces scènes, censée dévoiler un espace secret et mystérieux jusqu'alors resté dans l'ombre, ne permettra pas, en vérité, de comprendre la disposition relative des meubles, portes... (voir « Description et analyse d'une séquence »). La deuxième proposera un décor sensiblement différent. Elle fait apparaître en particulier une fenêtre à proximité du lit, que la première ne montrait pas. Cette légère hardiesse (et elle n'est pas la seule dans le film), quelle qu'en soit la cause ou la motivation, concourt à l'égarement du spectateur placé dans une position par rapport à l'espace comparable à celle de l'héroïne (créant implicitement un effet de subjectivité).

Ainsi, ce qui prime dans *Rebecca*, plus que la dimension esthétique du décor, plus que l'espace lui-même, c'est le rapport des personnages (et du spectateur) à cet espace.

Rebecca compte peu de plans descriptifs, la profondeur de champ est relativement peu utilisée (motivée le plus souvent par la présence d'un personnage en arrière-plan, plus que par une quelconque volonté descriptive), les personnages occupent l'espace du champ et laissent peu de place au décor. Pourtant, l'espace, le lieu sont au cœur de l'intrigue, ce que montrent symétriquement le début (vision onirique du manoir) et la fin du film (Manderley sous les flammes). *Rebecca*, rattaché à la tradition hollywoodienne du « *female gothic* », raconte l'histoire d'une jeune femme qui arrive en un lieu « hanté » et dont le salut passe par la destruction et l'abandon de ce lieu. C'est donc bien un film entre autres sur l'espace. Cependant, il faudra envisager l'espace, non pas, ou du moins pas seulement, à travers sa représentation figurative, mais surtout à travers une représentation plus abstraite que le film construit.

4.2   Symétrie : lieux et personnages

Comment faut-il se représenter Manderley ? Tout d'abord comme un bâtiment *symétrique*. Non pas que cette symétrie soit visible (le château, vu de l'extérieur, n'affiche, on l'a vu, aucune symétrie, mais au contraire une forme d'anarchie), mais elle est clairement énoncée dans le prologue : « *Time could not mar the perfect symmetry of those walls* », et se trouve confirmée lorsque l'on apprend l'existence d'une aile ouest et d'une aile est, lorsque l'on comprend que la chambre de la nouvelle épouse est symétriquement opposée à celle de Rebecca par rapport à un axe nord-sud matérialisé par le grand escalier central. Ainsi, à travers la symétrie de la vaste demeure, pourrons-nous deviner un effet de symétrie entre la première et la seconde épouse.

Rebecca : le titre en dit long déjà. Prénom d'un personnage mort, invisible et pourtant compté parmi les quatre principaux. Sa « rivale » (la seconde Mrs. de Winter) est vivante et, bien qu'héroïne du film, n'a pas de prénom ; on l'appelle « *Madam* », ou « *Dear* », ou « *Darling* », ou encore, très souvent, on ne l'appelle pas. Cette non-identité de la nouvelle épouse a bien sûr un effet d'autant plus saisissant que l'identité de Rebecca est, elle, partout inscrite. Cette présence virtuelle prend corps en la personne de Mrs. Danvers (voir à ce sujet « Description et analyse d'une séquence »). Pour la petite nouvelle, obtenir une identité, pouvoir porter le nom de son mari sans attirer sur lui la honte, se faire accepter en un lieu où elle se sent l'intruse, sont des tâches qu'il lui faudra accomplir seule, en luttant contre son prédécesseur qui siège de l'autre côté de l'escalier et qu'il faut déloger. Elle va donc s'efforcer de s'adapter, de se transformer afin de ne plus déparer le lieu. Sa première stratégie sera de chercher à ressembler à celle qu'elle remplace, à s'identifier à celle que tout le monde adorait (Mrs. Van Hooper, Monte-Carlo : « *He is a broken man, he simply adored her* » ; Beatrice, à propos de Mrs. Danvers : « *She simply adored Rebecca* » ; Mrs. Danvers, relatant la vie mondaine de *Rebecca* : « *Every one loved her* »…). Chacun d'ailleurs, autour d'elle, semble l'encourager à se fondre en sa rivale : Frith, lui suggérant de s'installer dans le bureau, le matin, comme la première

Mrs. de Winter avait coutume de le faire ; Beatrice, lui conseillant de faire des efforts de coiffure et de toilette, rappelant l'élégance de Rebecca ; Frank évoquant la beauté légendaire de l'ancienne maîtresse de Manderley ; et bien sûr Mrs. Danvers, suggérant comme costume de bal la robe du portrait que Rebecca portait l'année précédente.

La jeune femme cherche donc moins à s'affirmer qu'à ressembler à Rebecca. En s'efforçant ainsi de devenir Rebecca (le processus d'identification est à son comble lorsqu'elle se retrouve dans la chambre de Rebecca, habillée en Rebecca), elle ne parvient qu'à s'effacer elle-même et presque à disparaître (il s'en faut de très peu qu'elle ne cède à la tentation du suicide). La symétrie entre les deux chambres des deux rivales, imposée par une configuration spatiale qu'elle n'a pas choisie, la jeune femme voudrait en faire un effet de miroir. Mais tous ses efforts demeurent vains : la longue robe noire aux fleurs blanches ne plaît pas à son époux, la coiffure non plus et la robe du portrait provoque évidemment une terrible colère de la part de Maxim et un grand mépris de la part de Mrs. Danvers. Les tentatives de la jeune femme produisent donc l'effet exactement inverse à celui escompté, puisqu'elles l'éloignent de Maxim et d'une certaine manière de Rebecca elle-même à qui elle ne pourra définitivement jamais ressembler. En cherchant à gommer le contraste, elle ne fait que le renforcer. L'effet de symétrie désiré devient un effet de symétrie inverse.

Rebecca n'est qu'un spectre sans corps, une image sans icône, une construction artificielle fondée sur des souvenirs *idéalisés*. Que cette image fantasmatique ne s'incarne dans aucune image du film (on dirait en anglais que l'« *image* » ne donne jamais lieu à une « *picture* ») n'est pas indifférent. Le film explore, travaille et exploite les liens que le visible tisse avec l'invisible, intégrant ainsi dans sa diégèse une des grandes questions que pose le cinéma.

5. *Rebecca* : un récit d'initiation

On peut lire *Rebecca* comme l'histoire d'un parcours dans l'espace : une femme arrive dans un lieu chargé, inhospitalier (le château), où elle est malheureuse ; elle en pénètre le cœur, partie « interdite » du château (la chambre de Rebecca) où la mort vient la frôler (deuxième scène dans la chambre) ; finalement, un lieu à part, excentré (le cottage) la conduit à la vérité qui lui sera salutaire, mais il lui faudra cependant quitter Manderley, voué pour finir à la destruction.

On pourrait de la même manière envisager le parcours du point de vue de Maxim (ce que ne fait pas le film, centré plutôt sur la jeune femme) et dire que *Rebecca* raconte l'histoire d'un homme qui revient vivre sur les lieux (Manderley) du plus grand drame de sa vie, espérant, grâce à sa jeune épouse, faire table rase du passé dont il refuse de parler. Or, ce passé ne parvient pas à s'effacer et au contraire, resurgit violemment. Surpris en un lieu (le cottage) où il ne peut continuer à garder secret son fardeau, il le dévoile à sa femme et s'en libère, mais comme elle, il devra quitter définitivement le château destiné aux flammes.

Ce séjour du couple au château, on peut le lire également comme une initiation, une série d'épreuves obligées pour ces deux jeunes mariés qui prennent alors figure de héros mythiques modernes. Les deux personnages se rencontrent à un moment de leur vie où ils éprouvent tous deux de grandes difficultés : elle, devenue orpheline, est contrainte de travailler comme dame de compagnie pour l'abominable Mrs. Van Hooper. Lui, également seul, tente en vain d'oublier un drame qui a pour nom Rebecca. La rencontre, puis le mariage, sont la promesse pour l'un comme pour l'autre d'un nouveau départ dans la vie. Or, le bonheur devra se mériter. Le vrai nouveau départ se fera attendre et n'aura lieu qu'à l'issue du séjour à Manderley, domaine dont Mrs. Danvers, sorte de Sphinge, est la redoutable gardienne. Le portail d'entrée en figure la « Porte des Hommes », ainsi que, sur un mode plus métaphorique, le « rideau » de domestiques immobiles et muets, installé dans le grand hall par Mrs. Danvers pour barrer le passage aux époux à leur arrivée. Pour passer le seuil, il faut pouvoir s'accomplir, ce qui signifie se trouver, ou plutôt se retrouver (d'où l'inutilité, pour la jeune épouse, de tenter de se fondre en une autre) et laisser tomber tout ce qui se cache à soi-même (d'où l'inutilité, pour Maxim, de garder secret son passé avec Rebecca). La Sphinge, gardienne du seuil, est prête à dévorer ceux qui ne peuvent répondre à son énigme, mais sera à son tour dévorée, c'est-à-dire intégrée par celui ou celle qui saisira les énergies informatives et deviendra donc lui-même informé. Ce gardien oblige le héros à aller vers lui-même.

L'énigme, dans *Rebecca*, est au fond assez banale : la jeune femme confond la réalité et les apparences, la vérité et le mensonge, l'être et le paraître. Elle se laisse absorber par son environnement dont elle fait une lecture erronée. Son incompétence interprétative la condamne à un état d'aveuglement. Elle est bien, dans la seconde séquence de la chambre envoûtée, charmée, ensorcelée. Mrs. Danvers lui chuchote tout doucement à l'oreille qu'il serait si simple de sauter par la fenêtre. La jeune femme est littéralement sous hypnose. D'où l'importance de la séquence du cottage (voir « Description et analyse d'une séquence ») qui constitue véritablement un tournant dans le film. Le savoir acquis à ce moment précis entraîne une transformation de la jeune épouse maladroite et lui permet de devenir une femme. Peu après l'épopée nocturne, Maxim lui fait remarquer qu'elle a beaucoup changé en très peu de temps, qu'elle a perdu sa fraîcheur juvénile depuis qu'il lui a parlé de Rebecca, cet air de jeunesse qu'il aimait tant (mais d'un amour qu'il n'exprimait guère, alors qu'à ce moment précis, les deux époux échangent pour la première fois un vrai baiser passionné).

La jeune fille devenue femme : voilà son initiation accomplie. On remarque d'ailleurs dans son allure une élégance soudaine, une féminité et une sensualité jusqu'ici insoupçonnées car inexprimées, qui ne sont plus la vaine reproduction de Rebecca, mais qui correspondent à sa féminité et à sa sensualité propres.

Le parcours initiatique de Maxim ne se dessine, lui, qu'en filigrane puisque le film est plutôt centré sur le personnage féminin. Que gagne-t-il ? Il se délivre d'un poids, celui de la culpabilité. Lui aussi avait besoin de découvrir une vérité : la maladie de Rebecca. Lui aussi se révèle à lui-même. Son séjour à Manderley ressemble à une descente dans les profondeurs des ténèbres, dont il renaît finalement.

Ce parcours initiatique est annoncé au tout début du film, dès le prologue : « ... *It seemed to me I stood by the iron gate, leading to the drive. For a while, I could not enter for the way was barred to me.*

Then, like all dreamers, I was possessed of a sudden, of a supernatural power, and passed like a spirit through the barrier before me... »
(« J'étais devant la grille, face à la grande allée, et je ne pouvais entrer. Puis soudain, je me sentis douée d'une force surnaturelle, et comme un esprit, je franchis cet obstacle... »). L'entrée interdite et la soudaine puissance surnaturelle qui permet au personnage rêvant de franchir la grille constituent déjà un résumé du récit dans son entier, une sorte de métaphore de la transformation, de l'initiation[1].

6. *Rebecca* en tant qu'adaptation d'une œuvre littéraire

ENCADRÉ 7 : POUR **ANALYSER UNE ADAPTATION**

1. Comparer la date de première parution du texte-source avec celle de la sortie (ou du tournage) du film ainsi que les contextes géographiques et historiques des deux œuvres.

2. Qui a écrit le scénario ? L'auteur du texte source a-t-il collaboré à l'adaptation de son œuvre ?

3. Comment l'adaptation est-elle indiquée : ostensiblement, nettement, discrètement, pas du tout ?

4. L'adaptation a-t-elle été élaborée à partir de plusieurs textes ?

5. Observer les titres des deux œuvres, les noms de lieux et des personnages, y compris lorsqu'il y a changement de pays de production. Y a-t-il transfert de lieux et /ou de contextes socio-historiques de l'histoire ?

6. Faire l'inventaire des personnages, observer les suppressions, les ajouts, les amalgames ainsi que le statut et les fonctions des personnages principaux.

7. Comparer le début et la fin des deux œuvres.

8. Faire l'inventaire des épisodes et des scènes supprimées, ajoutées, condensées ou dilatées. Observer la mise en dialogues : dialogues prélevés dans le texte source, produits de transformations de ce texte, créés de toute pièce, etc.

---

1. Sur *Rebecca* : Mary Ann Doane, *The Desire to desire. The woman's Film of the 1940s*, Bloomington, Indianapolis, Indiana University Press, 1987 (notamment le chapitre « Female Spectatorship and Machines of Projection : *Caught* and *Rebecca* ») ; Marc Vernet, *Figures de l'absence*, Paris, Cahiers du Cinéma, 1988 (p. 53-54 et 92-95).

9. Faire apparaître la structure globale des deux œuvres (division en parties ou « actes », mode de narration, ordre des épisodes et des scènes, ellipses). Observer les procédés de dramatisation.

10. Observer les procédés de visualisation (scènes racontées/scènes montrées, intériorité et subjectivité des personnages exprimées par le dialogue/en voix off /visualisées).

11. Observer l'apport des éléments non littéraires à la construction du sens et à la production des émotions : musique, couleurs, lumière, décor, physique et voix des acteurs, effets de montage.

12. Choisir un axe d'analyse qui ne se borne pas à constater des différences ou à juger l'adaptation à l'aune de sa plus ou moins grande « fidélité » à l'œuvre source. Réfléchir à l'usage que les adaptateurs ont fait de l'œuvre source pour produire une nouvelle œuvre présentant de nouvelles perspectives en termes de sens et d'impact émotionnel.

Rebecca est pour Hitchcock la seconde d'une série de trois adaptations d'œuvres de Daphné Du Maurier, romancière anglaise à succès (le cinéaste avait réalisé un an auparavant *L'Auberge de la Jamaïque* et tournera en 1962 *Les Oiseaux*). C'est également son premier film réalisé à Hollywood où il a été, pour l'occasion, invité par David O. Selznick. Le film a mobilisé deux scénaristes (Robert E. Sherwood et Joan Harrison) ainsi que deux adaptateurs (Philip MacDonald et Michael Hogan)[1]. Il a donc fait l'objet d'un important travail d'écriture.

Le best-seller, considéré comme un gage de succès pour le film, voit son titre gravé en lettres d'or dans le générique du film. Quant au nom de son auteur, il y figure à la meilleure place, aux côtés de celui du producteur. C'est ainsi que l'on peut lire dans le plan d'ouverture :

The Selznick Studio
presents its production of
DAPHNE DU MAURIER'S
celebrated novel

puis au plan suivant :

Rebecca

---

1. Le site de la Bibliothèque du Film (Cinémathèque française) mentionne également la participation de trois « collaborateurs scénaristiques » dont Hitchcock lui-même.

En 1940 (très vite, ce ne sera plus le cas), le nom d'Alfred Hitch-cock n'est qu'en troisième position dans la hiérarchie, précédé par ceux de Selznick et de Du Maurier.

On remarquera également trois choses : que l'adaptation a été tournée presque aussitôt le livre sorti et qu'elle marche par consé-quent directement dans les pas du roman ; que non seulement le titre, les noms des personnages, mais aussi plus généralement le contexte du roman (l'Angleterre des années 30) restent inchangés ; enfin et par conséquent, qu'Hitchcock, cinéaste anglais, était probablement pour Selznick le metteur en scène rêvé pour l'adaptation de ce roman dont il fallait traduire l'« anglicité ». Le film revendique donc fortement son extrême fidélité au roman. Toutefois, s'il constitue un cas d'adaptation singulier et passionnant, c'est que, affichant ostensi-blement, à un certain niveau, cette proximité, il travaille dans le même temps, de façon moins affichée mais non moins efficace, à s'affranchir (très avantageusement) du texte source.

6.1 Narration, tonalité

Le roman est une sorte d'archétype du récit en focalisation interne sans altérations. Le lecteur a ainsi directement accès à l'intério-rité d'un personnage-narrateur unique. Le récit du passé est mené depuis un présent qui tient une place non négligeable dans le texte puisqu'il est à la fois l'objet d'une description (on apprend que le couple de Winter vit désormais retiré dans un petit hôtel, à l'écart de toute vie sociale, dans l'ennui et la tranquillité) et le lieu d'expres-sion de très abondants commentaires subjectifs, à caractère psycho-logique, sur le passé. Le film, pour sa part, opère un choix décisif en renonçant à la voix-off narratrice ou à la voix intérieure[1] (sans pour autant renoncer à la focalisation interne ; voir « Éléments pour l'analyse d'un film entier »). Outre qu'il évite ainsi l'effet de pesan-teur inhérent à l'usage massif d'une telle voix-off, il efface pour ainsi dire le présent de l'énonciation, la temporalité de référence du récit devenant assez rapidement le passé. On note que même la fin du

---

1. La voix-off n'intervient que dans le prologue où la jeune femme raconte son rêve de la nuit. Ce prologue reprend, sous une forme résumée, le chapitre 1 du roman.

film se refuse à un retour au présent (lequel aurait restauré la symétrie qu'on pouvait attendre au regard du prologue). La conséquence la plus tangible tient dans la dissolution totale de l'ensemble des commentaires et analyses auxquels se livre le personnage du roman. Le film se libère ainsi, en un seul geste, de toute une dimension du texte source. Soustraire de la matière à un roman trop long, dans la perspective d'une adaptation, ne consiste donc pas toujours ou pas seulement à supprimer localement des épisodes ou des détails, cela peut relever d'un parti pris narratif et esthétique global. Dans *Rebecca*, par exemple, il a suffi d'une décision pour donner au récit dans son ensemble une couleur radicalement autre.

6.2 Structure générale

Le film compte vingt-cinq séquences, le roman vingt-six chapitres, ce qui pourrait laisser supposer une structure isomorphe des deux œuvres. Il n'en est rien pourtant, un nombre non négligeable d'épisodes du texte-source ayant été supprimé. Le travail d'adaptation a conduit à une structuration originale du film et à un découpage en séquences qui ne se superpose pas à celui des chapitres.

Dans l'ensemble, le récit romanesque à la première personne s'écoule au rythme régulier de la glose dont l'effet dans le récit est celui de l'homogénéité et du nivellement. Les événements y sont peu contrastés, les drames peu violents et les joies mesurées. Le film, au contraire, exonéré de tout commentaire, montre chaque événement dans son immédiateté et réintroduit ainsi des ruptures, des surprises, des effets de syncope, en un mot un rythme. Il n'est que de comparer les demandes en mariage : d'un côté, le roman résume une journée et demie, au rythme lent du monologue intérieur, d'un autre côté, le film choisit de prélever quelques minutes au début et à la fin d'une matinée et met en œuvre, sur un mode humoristique, un intense suspense.

6.3 Les personnages

Des personnages principaux, Rebecca est celui qui subit le moins de transformations dans le passage de la page à l'écran. Ce n'est guère étonnant étant donné son statut de grande absente. La Rebecca filmique est d'autant plus fidèle à son modèle littéraire qu'elle n'a pas d'apparence et échappe ainsi à l'incarnation physique par une actrice.

Toutes proportions gardées, s'il est difficile de chercher de véritables ressemblances entre un personnage de papier et son homologue en images animées, nous pouvons tout au moins remarquer que Maxim conserve dans le film la plupart de ses attributs littéraires auxquels s'adjoignent bien sûr les traits et la voix de Laurence Olivier ainsi que d'autres caractéristiques, mais dont aucune ne vient contredire activement le personnage créé par D. Du Maurier.

Il en va différemment de la jeune épouse, conçue dans le roman comme une arriviste obsédée par l'ascension sociale et l'acquisition de biens matériels (voir le chapitre du mariage). S'ajoute à cela une jalousie violente (elle déchire puis brûle une page de livre dédicacée par Rebecca), une curiosité malsaine ou encore un sens des convenances quasi maladif (attitudes ridicules face aux domestiques). Le film, au contraire, fait de la jeune femme un personnage nuancé dont on devine derrière la timidité, la fragilité, l'anxiété et la maladresse, toute l'élégance et la subtilité. Il faut préciser qu'il devient chez Hitchcock un vrai personnage de film, un corps, une voix, une gestuelle, et que les traits de personnalité énumérés ci-dessus sont précisément ce qui définit le répertoire de jeu de Joan Fontaine. C'est donc en partie (mais pas seulement) au contact de son interprète que la jeune épouse du film se désolidarise de son modèle littéraire.

Le parcours du personnage est, lui aussi, différent : dans le roman, la transformation est instantanée et radicale. La jeune femme, soudain guérie, ne craint plus ni Rebecca ni Mrs. Danvers et devient la parfaite maîtresse de maison qui sait se faire respecter. Le film met l'accent sur un autre aspect du personnage et rend compte, de façon moins brutale (puisqu'il s'agit seulement de faire apparaître ce qui existe déjà virtuellement), de la transformation d'une jeune femme de condition modeste, juvénile et maladroite, en vraie femme sensuelle.

Enfin, l'absence d'identité est à la fois un point commun aux deux œuvres et ce qui les distingue. Que dans le roman, la jeune femme soit sans nom est certes notable mais non choquant dans la mesure où c'est elle qui, en tant que narratrice, rapporte les faits et n'a pas, pour ce faire, besoin de s'auto-nommer. Dans le film au contraire, l'histoire n'est pas médiatisée verbalement par un personnage-narrateur mais se donne à lire directement à travers les images. On est alors frappé par le fait que, dans les scènes de conversations, ni son mari, ni sa belle-sœur, ni son beau-frère, ni personne n'appelle jamais l'héroïne par son prénom, ce qui finit par créer un véritable malaise et renforce d'autant l'identité de Rebecca dont l'initiale est partout incrustée. L'effet est donc dans le film « naturellement » beaucoup plus puissant que dans le roman.

Mrs. Danvers, enfin, est avant tout, dans le film, un masque blanc, minéral, imperturbable, une voix monocorde, une longue et sinistre robe noire, une silhouette qui glisse sur le plancher, apparaissant ou disparaissant magiquement. Tomber malade ou fondre en larmes, comme cela se produit dans le roman, n'est pas compatible avec cet autre personnage, revu et corrigé par le cinéma. Son apparence filmique, stylisée à l'extrême, sa plasticité sont beaucoup plus déterminantes que sa psychologie et font d'elle l'opposé le plus absolu de Rebecca (laideur, masculinité, etc.) en même temps que son tenant-lieu (elle pourrait être son fantôme). Ceci explique que le film la condamne aux flammes (contrairement au roman qui se contente de la faire disparaître) : la silhouette noire dans la chambre de l'aile ouest en feu est autant la seconde mort de Rebecca (après la mer, les flammes) que celle de la gouvernante. L'actrice Judith Anderson trouve là l'un des rôles les plus marquants de sa carrière.

6.4 Organisation spatiale

La représentation du manoir n'est en rien contradictoire dans le film et dans le roman : mêmes proportions démesurées, générant le malaise de la jeune épouse[1], une aile est et une aile ouest correspondant pareillement aux chambres respectives des deux épouses, même

---

1. Le film a supprimé une scène du roman où la jeune femme voulant fuir Beatrice et Charles, au lendemain de son arrivée, se sauve au hasard des couloirs, se perd et se retrouve involontairement dans l'aile ouest où Mrs. Danvers la surprend.

effet de symétrie architecturale accompagné, dans les deux récits, d'un effet de miroir, d'une tentative d'identification de la seconde à la première épouse, même fonction narrative de premier ordre.

Toutefois, le film radicalise le rapport que la nouvelle épouse entretient avec le manoir et souligne son enfermement. Ainsi, parmi les coupes effectuées dans le roman, figurent toutes les scènes dans lesquelles la jeune femme reçoit des invités (la femme du pasteur, les gens du comté) ou rend elle-même des visites hors de Manderley (à la femme du pasteur, à la grand-mère de Maxim), autrement dit tous les passages dans lesquels elle se trouve en contact avec le monde extérieur[1]. Le roman ouvre l'espace et installe tout un réseau communicationnel que le film, au contraire, étouffe complètement, faisant de Manderley un lieu de claustrophobie, totalement isolé et clos, dans lequel la nouvelle arrivée se retrouve désespérément seule, cloîtrée, coupée de tout (Maxim, lui, se rend parfois à Londres où ses affaires l'appellent). À l'opposition *est-ouest* s'ajoute donc, dans la version filmique, l'opposition *intérieur-extérieur*. Cette structure concentrique liée à la clôture du lieu et à l'enfermement du personnage féminin marque l'appartenance de *Rebecca* à cet ensemble de films qu'on a appelé aux Etats-Unis le « *Female Gothic* » ou « *Romance Gothic Film* » et auquel se rattacheront dans les années 40 des films comme *Gaslight* (*Hantise*, G. Cukor, 1944) ou *Secret Beyond the Door* (*Le Secret derrière la porte*, F. Lang, 1948).

Autre différence significative : le roman situe le récit de la mort de Rebecca par Maxim dans la bibliothèque, espace de référence du manoir[2]. Dans le film, cette séquence décisive se trouve excentrée et reléguée dans le cottage, deuxième lieu interdit. Outre que cela explique l'interdiction et la colère de Maxim dans une séquence antérieure, il n'est pas indifférent, sur un plan symbolique, que la révélation ait lieu hors de l'espace social du château, sur les lieux mêmes de la mort de Rebecca (voir « Description et analyse d'une séquence »).

---

1. Frith informe la jeune femme, le lendemain de son arrivée, que le grand hall de réception est ouvert, une fois par semaine, au public ; or, étonnamment, aucune visite n'a lieu par la suite, dans le film.

2. C'est le lieu, par exemple, du thé quotidien, supprimé dans la version cinématographique.

CONCLUSION GÉNÉRALE

On l'aura sans doute senti à la lecture de ce livre, il n'y a pas de « grille » d'analyse de film. Une certaine forme de « talent » n'est d'ailleurs sans doute pas entièrement étrangère à l'activité analytique. Roland Barthes disait : « Le commentaire devient alors à mes yeux un texte, une fiction, une enveloppe fissurée[1]. » Le commentateur deviendrait alors du même coup un « créateur ». Son talent se décèle, certes, à travers l'art de manipuler son objet d'analyse, d'en associer les éléments, de les interpréter, mais également, dans l'art de formuler son commentaire, et de le faire vivre. Mais insistons surtout sur le fait que le talent, comme on dit, se cultive grâce à un travail méthodique.

Ainsi, il y a des questions à se poser, concernant l'analyse elle-même, et son objet (le film, la séquence, le plan).

Concernant l'analyse : qui la conduit, dans quel contexte et dans quel but ? La forme prise ici par l'analyse de *Rebecca* renvoie évidemment à son insertion dans un ouvrage à caractère didactique (description, multiplicité des perspectives, etc.), de même celles des débuts de films ou du plan-séquence. Ces analyses devraient être reprises, récrites si on les transposait dans un nouveau contexte : un livre sur la thématique hitchcockienne ou sur l'espace dans le cinéma hollywoodien, une étude sur l'esthétique du plan-séquence, une approche strictement narratologique des débuts de film, etc. Comment, par qui l'axe d'analyse sera-t-il déterminé ? Par la commande (un sujet d'examen ou de concours,

---

1. Roland Barthes, *Le Plaisir du texte*, Paris, Seuil, « Tel Quel », 1973.

une commande d'éditeur, etc.) ? Par l'analyste lui-même ? Selon ses centres d'intérêt, ses obsessions ? L'axe d'analyse est-il pertinent avec l'objet (voir le chapitre « Analyser/Interpréter ») ?

Les questions à poser à l'objet, nous pensons les avoir recensées tout au long de cet ouvrage.

Si nous insistons pour finir sur toutes ces interrogations, c'est qu'elles nous semblent participer d'une attitude générale faite d'attention à la matérialité du film, au contexte dans lequel il a été produit et à celui dans lequel on l'approche actuellement, de disponibilité aux effets que l'objet de l'analyse et l'analyse elle-même produisent sur l'analyste, d'ouverture aux strates de signification produites.

En somme, cette attitude est moins celle de quelqu'un qui aime son objet (il n'est pas nécessaire d'aimer un film pour bien l'analyser, certains prétendent même que ce serait un obstacle) que de quelqu'un qui aime analyser, c'est-à-dire qui aime comprendre son objet et comprendre comment il le comprend.

BIBLIOGRAPHIE

1. Ouvrages généraux, comportant en outre des éléments d'analyse de films

AUMONT Jacques, BERGALA Alain, MARIE Michel, VERNET Marc, *Esthétique du film*, Paris, Nathan, 1993, Armand Colin, 2008. Ouvrage de base, introduction indispensable à l'étude du film.

AUMONT Jacques, MARIE Michel, *L'Analyse des films*, Paris, Nathan, 1988, Armand Colin, 2015. Panorama analytique et critique des différentes méthodes d'analyse des films. Bibliographie détaillée à consulter.

BELLOUR Raymond, *L'Analyse du film*, Paris, Albatros, 1980. Une approche personnelle et talentueuse de Lang, Hitchcock et quelques autres.

BEYLOT Pierre, *Le Récit audiovisuel*, Paris, Armand Colin, 2005.

BOILLAT Alain, *Cinéma, machine à mondes. Essai sur les films à univers multiples*, Genève, Georg, 2014.

CHION Michel, *La Voix au cinéma*, Paris, Cahiers du cinéma, éd. de l'Étoile, 1982. Brillantes analyses de la parole et des voix au cinéma.

CHION Michel, *L'Audio-vision*, Paris, Nathan, 1991, Armand Colin, 2013. Approche du film en tant qu'objet réellement *audio*-visuel.

CHION Michel, *Écrire un scénario*, Paris, INA-Cahiers du cinéma, 1985-2007. Pour l'analyse des scénarios de films. Exemples fouillés.

GARDIES René (dir.), *Comprendre le cinéma et les images*, Paris, Armand Colin, 2007.

GAUTHIER Guy, *Le Documentaire, un autre cinéma*, Paris, Armand Colin, 2011.

GOLIOT-LÉTÉ Anne, JOLY Martine, LANCIEN Thierry, LE MÉE Isabelle, VANOYE Francis, *Dictionnaire de l'image*, Paris, Vuibert, 2e éd. 2008.

JENN Pierre, *Techniques du scénario*, Paris, Femis, 1991. Pour l'analyse du scénario classique hollywoodien. Très précis.

JULLIER Laurent, *L'Ecran post-moderne. Un cinéma de l'allusion et du feu d'artifice*, Paris, L'Harmattan, 1997.

JULLIER Laurent, *L'Analyse de séquences*, Paris, Armand Colin, 2011 (3ᵉ éd.). De la méthode pour analyser les séquences de films.

JULLIER Laurent, MARIE Michel, *Lire les images de cinéma*, Paris, Larousse, 2007.

MARTIN Jessie, *Décrire le film de cinéma. Au départ de l'analyse*, Paris, Presses de la Sorbonne Nouvelle, coll. « Les Fondamentaux », 2011.

MARTIN Jessie, *Vertige de la description. L'analyse de films en question*, Lyon, éditions Aléas, 2011.

NINEY François, *L'Epreuve du réel à l'écran*, Bruxelles, De Boeck, 2000.

NINEY François, *Le Documentaire et ses faux-semblants*, Paris, Klincksieck, 2009.

ODIN Roger, *Cinéma et Production de sens*, Paris, Armand Colin, 1991. Très clair bilan des recherches en sémiolinguistique du cinéma ; nombreux exemples.

ODIN Roger, *De la fiction*, Bruxelles, De Boeck Université, 2000.

VANOYE Francis, *Récit écrit-récit filmique*, Paris, Nathan, 1989. Approche comparatiste des récits littéraires et cinématographiques. Nombreux exemples.

VANOYE Francis, *Scénarios modèles, modèles de scénarios*, Paris, Nathan, 1997, Armand Colin, 1999 (2ᵉ éd.). Analyse des différents modèles d'écriture de scénarios ; nombreux exemples.

VANOYE Francis, *L'Adaptation littéraire au cinéma*, Paris, Armand Colin, 2011. Réflexions théoriques et analyses d'adaptations cinématographiques d'œuvres littéraires.

2. Quelques ouvrages consacrés à des analyses de films

AUMONT Jacques, *Montage Eisenstein*, Paris, Albatros, 1979.

AUMONT Jacques et LEUTRAT Jean-Louis, *Théorie du film*, Paris, Albatros, 1980.

BAILBLÉ Claude, MARIE Michel, ROPARS Marie-Claire, *Muriel, histoire d'une recherche*, Paris, Galilée, 1974.

BELLOUR Raymond (dir.), *Le Cinéma américain, analyses de films*, 2 vol., Paris, Flammarion, 1980.

BOUVIER Michel et LEUTRAT Jean-Louis, *Nosferatu*, Paris, Gallimard-Cahiers du cinéma, 1981.

BURCH Noël, *Une praxis du cinéma*, Paris, Folio-Essais, 1969-1987.

Burch Noël, *Pour un observateur lointain, forme et signification dans le cinéma japonais*, Paris, Gallimard-Cahiers du cinéma, 1982.

Douchet Jean, *Alfred Hitchcock*, Paris, L'Herne-Cinéma, 1967-1987.

Gaudreault André, *Du littéraire au filmique, système du récit*, Paris, Méridiens-Klincksieck, 1988.

Gaudreault André, Marion Philippe, *La Fin du cinéma ? Un média en crise à l'ère du numérique*, Paris, Armand Colin, 2013.

Lagny Michèle, Ropars Marie-Claire, Sorlin Pierre, *Octobre, écriture et idéologie*, Paris, Albatros, 1976.

Lagny Michèle, Ropars Marie-Claire, Sorlin Pierre, *Générique des années 30*, Paris, Presses Universitaires de Vincennes, 1986.

Leutrat Jean-Louis, *La Prisonnière du désert, une tapisserie navajo*, Paris, Adam Biro, 1990.

Leutrat Jean-Louis et Liandrat-Guigues Suzanne, *Les Cartes de l'Ouest*, Paris, Armand Colin, 1990.

Mauduy Jacques et Henriet Gérard, *Géographies du western*, Paris, Nathan, 1989.

Moure José, *Le Plaisir du cinéma. Analyses et critiques des films*, Paris, Archimbaud Klincksieck, 2012.

Nacache Jacqueline (dir.), *L'Analyse de film en question. Regards, champs, lectures*, Paris, L'Harmattan, 2006.

Simon Jean-Paul, *Le Filmique et le Comique*, Paris, Albatros, 1979.

Sorlin Pierre, *Sociologie du cinéma*, Paris, Aubier-Montaigne, 1977.

Truffaut François, *Le Cinéma selon Hitchcock*, Paris, Ramsay-Poche, 1966-1987.

Vernet Marc, *Figures de l'absence, De l'invisible au cinéma*, Paris, Cahiers du cinéma, 1988.

3. Collections consacrées à des monographies de films

(Les monographies consacrées à des cinéastes sont trop nombreuses pour être citées ; elles comportent généralement des éléments d'analyse de films.)

« Film(s) », Limonest, L'Interdisciplinaire : *India Song, La Règle du jeu*.

« Image par image », Paris, Hatier : *M. le Maudit, Citizen Kane, La Règle du jeu, La Naissance d'une nation*.

« Long métrage », Yellow Now, Crisnée, Belgique : *Les Vacances de Monsieur Hulot, Stranger than Paradise, La Nuit du chasseur, Gertrud, Brazil, Lettre d'une inconnue*,

Ride Lonesome, *À nos amours*, *Casablanca*, *La Maman et la Putain*, *Voyage en Italie*, *Picpocket*, *Pauline à la plage*, *Man Hunt*.

« Synopsis », Paris, Nathan : *La Règle du jeu*, *Citizen Kane*, *M. le Maudit*, *Barry Lyndon*, *Fenêtre sur cour*, *Le Mépris*, *Le Guépard*, *Les Quatre cents coups*, *Les Enfants du Paradis*, *Senso*, *Le Septième Sceau*, *Le Cuirassé Potemkine*, *Jules et Jim*, *La Grande Illusion*, *À bout de souffle*, *À nos amours*, etc.

« Clefs concours-Cinéma », Neuilly, Atlande : *Van Gogh*, *Mon oncle*, *Lacombe Lucien*, *Sans toit ni loi*, *Casque d'Or*, *Le Cercle rouge*, *Lola Montès*.

« Cinéphilie », Paris, Éditions de la Transparence : *Dead Man*, *Le Violent*, *Remorques*, *In the Mood for Love*, *La Ligne rouge*, *Les Amants crucifiés*, *Taxi Driver*, *Le Feu follet*, *Le Mépris*.

Dossiers « Lycéens au cinéma », 1998-2002, consultables et téléchargeables sur le site de la Bibliothèque du film (www.bifi.fr): *La Règle du jeu*, *Blade Runner*, *Chat noir chat blanc*, *Festen*, *Roger et moi*, *L'Ange exterminateur*, *Délits flagrants*, *I Vitelloni*, *La Soif du mal*, etc.

4. Outils audiovisuels

Outre certains bonus de DVD particulièrement bien conçus pour l'analyse du film, on pourra consulter la collection « L'Eden Cinéma », films en DVD accompagnés d'un livret pédagogique, éditée par le CNDP (disponibles dans les librairies des CNDP et CRDP).

5. Logiciel

Lignes de temps, support d'analyse interactif créé par l'IRI Centre Pompidou, libre et gratuit, 2007.

INDEX

260164-(I)-(4)-OSB90°-STY-CDD
Dépôt légal : Mai 2015
JOUVE
1 rue du Docteur Sauvé, 53100 MAYENNE
Imprimé en France